UFO
UN MENSAJE DE LAS PLÉYADES
AGUSTÍN OSORNIO

Reservados todos los derechos. No se permite la reproducción total o parcial de esta obra, ni su incorporación a un sistema informático, ni su transmisión en cualquier forma o por cualquier medio (electrónico, mecánico, fotocopia, grabación u otros) sin autorización previa y por escrito de los titulares del copyright. La infracción de dichos derechos puede constituir un delito contra la propiedad intelectual.

El contenido de esta obra es responsabilidad del autor y no refleja necesariamente las opiniones de la casa editora. Todos los textos e imágenes fueron proporcionados por el autor, quien es el único responsable por los derechos de los mismos.

Publicado por Ibukku, LLC
www.ibukku.com
Diseño y maquetación: Índigo Estudio Gráfico
Copyright © 2022 Agustín Osornio
ISBN Paperback: 978-1-68574-114-3
ISBN eBook: 978-1-68574-115-0
LCCN: 2022905138

Notas del autor

Resulta ciertamente difícil que las personas crean en la existencia del contacto con seres extraterrestres, sin embargo, mi experiencia personal demuestra que no estamos solos, que en el universo hay seres de mayor inteligencia que nosotros y cuyo avance tecnológico tiene miles de años. Se trata de seres que buscan estabilidad social e independencia del yugo de gobiernos corruptos.

A todos los seres humanos que hemos sido contactados la experiencia nos muestra que hay alguien detrás de toda una creación: Dios, quien dentro de su infinita sabiduría y amor nos señala que no estamos solos en el universo, que los humanos no somos los únicos seres inteligentes, que habitantes de otras estrellas han estado compartiendo desde tiempos inmemorables la convivencia con nosotros, pero desafortunadamente hubo cataclismos y terremotos que destruyeron continentes y vidas, dejando en la oscuridad valiosa información.

Cierto es que poco se pudo rescatar, como lo que escribió Platón, y la gente lo tomó como mitología, pero en este libro les mostraré la verdad de acuerdo a la información que mis hermanos extraterrestres me han estado aportando para comunicarles a todos aquellos que están expectantes no únicamente el fenómeno extraterrestre, sino también las profecías de los mayas y del calendario azteca, que indican que a partir del año 2012 un cambio ocurrirá en nuestro planeta, eventos que ya están escritos también en la Biblia.

En este libro les contaré cómo un contacto extraterrestre cambió mi vida, a pesar de que se burlaron de mí y me ignoraron llamándome "estúpido" y otros "lunático". Gracias a que una persona me llamó "ignorante" pude buscar en el diccionario el significado de esa palabra y fue entonces que me sentí motivado a escribir esta obra pidiéndoles ayuda e inteligencia a mis hermanos extraterrestres, especialmente a mi maestro Higer. Este último me mostró que ser humilde, paciente y escuchar con un inmenso deseo no solo me llevaba a salir de mi ignorancia, sino también a crecer espiritualmente. Me enseñó cosas maravillosas que millones de personas hubieran querido conocer, no hablo solamente de la sabiduría e inteligencia de tales seres que compartieron conmigo esa información y a quienes les agradezco que me hayan mostrado el amor de Dios no conforme al criterio humano, sino que también me refiero a la infinita sabiduría de Dios.

Espero que esta historia sea de su agrado y que cada uno de ustedes pueda discernir de acuerdo con su criterio. Este mensaje trae la paz y la esperanza que el ser humano no ha podido encontrar en un mundo donde se vive actualmente en una sociedad decadente en la que prevalecen la ausencia de moral, el egoísmo y la falta de fe, y donde la gente no cree en un Dios amoroso y compasivo. Este mensaje es para usted y por medio de este, Dios le llama para que no pierda la confianza en Él.

Dedicatorias

A Dios Padre y a su hijo Jesucristo,
por todos los grandes milagros y favores recibidos.

A mi esposa y a mis hijas, quienes me tuvieron paciencia
para que yo pudiera dedicarme a esta obra.

A mis amigos, que me brindaron su apoyo incondicional
y motivación para poder terminar este libro.

A mi hija Vanessa Osornio, que me ayudó a diseñar la portada.

Introducción

En febrero de 1976 mi vida cambió para siempre. Todos soñamos con podernos realizar, con alcanzar metas y propósitos para poder vivir en un mundo mejor, pero lo que a mí me sucedió me dio, más que un cambio, una forma de pensar diferente, ver más allá de nuestro horizonte, saber que hay vida en otros planetas y notar que el universo es tan inmenso como el amor de Dios.

Trataré de escribir conforme a lo que mis hermanos extraterrestres o pleyadianos me mostraron para que diera un mensaje a la humanidad. Yo no soy escritor, el mensaje fue redactado de acuerdo con mi experiencia. Cualquier similitud con otros escritores o personas que han vivido circunstancias parecidas, se debe a que cada uno de los contactados forma parte de un mensaje universal que encierra una gran verdad que no podemos ocultar o ignorar; en sí, los investigadores o seguidores del fenómeno extraterrestre dan mucho que pensar debido a la forma en que cada uno de los contactados ha sido "abducido".

Los pleyadianos nos están acercando a una conciencia "cósmica" a la que el ser humano necesita despertar para ver más allá del propio horizonte, el cual está limitado a una forma negativa de pensar que supone que dentro de este inmenso universo los hombres somos los únicos que tienen vida e inteligencia. Me da risa ver que tanto los Gobiernos como los historiadores manipulan o esconden información para poder tener sumergidos a los seres humanos dentro de la ignorancia.

Hoy ha llegado el momento de mostrar al planeta Tierra que los seres extraterrestres siempre han estado dentro del curso de la humanidad y que cada uno de nosotros ha sido parte de experimentos biogenéticos sumamente avanzados a partir de los cuales debemos discernir que somos piezas de un plan divino de procreación, mas no de evolución, conforme a estúpidas "investigaciones" que son arrogantes y que irritan la ira de nuestro Creador.

Mi presente libro los llevará a tener más información acerca de lo que un contacto extraterrestre significó, de cómo cambió el curso de mi vida; también sostendrá con valentía que es ridículo e insolente decir que somos los únicos seres inteligentes dentro del universo, haciendo a un lado a nuestro Divino Creador, llámese como se llame; "Yo soy el que soy".

Abril de 2007, ciudad de Los Ángeles, Ca.

Son las ocho y media de la mañana y me encuentro realizando mi trabajo; soy chofer clase A y mi tarea es mover contenedores del tren hacia los lotes. Mi nombre es Agustín, pero todos mis amigos me conocen como "UFO" o "el Extraterrestre"; lo cierto es que todos hacen chistes acerca de si yo he visto ovnis o extraterrestres y tratan de bromear en la radio acerca del fenómeno. La verdad es que no me molesta, hace nueve años que trabajo en la compañía y ya me acostumbré, y entre broma y broma yo les contesto tomando también a juego lo que me dicen. El primero en hacer un comentario es a quien le decimos "Pelón"; me dice en la radio:

—Ey, UFO, ¿sabías que acaban de descubrir agua en el planeta rojo Marte? —Claro que sí, lo sabía, pero esa agua no es para beber —le contesté. —¿Por qué? —respondió el Pelón.

—Porque ahí van a hacer sus necesidades los extraterrestres que van de paso por ese planeta —le dije.

Las risas de todos mis amigos se dejan escuchar en el radio causando gran alboroto; mi supervisor me llama la atención diciéndome que está prohibido hacer uso del mal lenguaje en la radio y me pide que vaya a hablar con el Terminal Manager. Me dirijo con mi truck a las oficinas y allí mi supervisor —que me conoce desde hace mucho tiempo— le dice al superior que todos me hacen bromas y que es por eso que yo respondo con ese tono de voz por la radio. Mi Terminal Manager se llama Kyile y *le pide a mi supervisor que se retire para hablar conmigo a solas, entonces me dice: "Hace mucho tiempo que quería hablar contigo acerca del fenómeno extraterrestre. Vamos a olvidarnos por ahora del incidente, quiero compartir contigo la vivencia de un encuentro que tuve".*

Le puse atención y él me dijo que también había visto ovnis, que no podía dar crédito a lo que había observado y que de ahí había nacido una gran inquietud por tal fenómeno, pero no se atrevía a comentárselo a nadie porque los demás podrían pensar que pudiera estar "loco o en drogas". Cuando terminó de relatarme su experiencia personal me preguntó si era verdad lo que había visto o si había sido producto de su imaginación. Yo le contesté: "Mira, Kyile, de acuerdo con mi experiencia personal puedo decirte que es ridículo pensar que estamos solos en el universo", y le dije que National Geographic había sacado un artículo de astronomía que hacía referencia a que en nuestra galaxia la Vía Láctea alberga un número de aproximadamente 10.000 soles parecidos al nuestro, que son estrellas medianas de tipo G de acuerdo con su edad y características dentro de los estudios de espectro astronómico. Eso quiere decir que ciertamente no estamos solos en el universo ya que puede haber estrellas que han desarrollado vida inteligente. Por otra parte, hay estrellas más antiguas donde hay vida mucho más avanzada que la nuestra.

Comencé a tocar el tema sobre de dónde provenían los seres inteligentes que por coincidencia me habían contactado y cuál había sido el propósito de ellos al visitar la Tierra y entrar en contacto personal con nosotros. Kyile me miraba absorto, sin interrumpirme, y de pronto me dijo que por qué no le comentaba mi experiencia personal cuando saliéramos de nuestra hora de trabajo: "Mientras me platicas yo te invito el lunch". Así lo hicimos y esa misma tarde llegamos a un restaurante y después de comer me dispuse a narrarle lo que aconteció hace 31 años.

Todo sucedió en la Ciudad de México, fue en febrero de 1976... En ese entonces yo tenía 22 años y era soltero; tenía un negocio que aquí, en los Estados Unidos, llaman *minimarket*. Durante todo ese tiempo de trabajo siempre estaba ocupado en poder atender mi negocio, el cual varias veces me impedía socializar o tener muchas amistades, todo era la misma rutina de siempre, pero me permitía tener una economía muy estable y vivir no con lujos, pero de una forma cómoda. Ya era la hora de cerrar, las doce de la noche, y tenía que manejar a una distancia de 20 a 25 minutos; la casa se encontraba ubicada en una zona residencial llamada Lomas Estrella y precisamente cerca de ahí se encuentra el Cerro de la Estrella, que es muy famoso por ser el lugar donde cada año se celebra la Pasión y Muerte de nuestro Señor Jesucristo.

Eran ya las doce y media de la noche y me disponía a abrir el *garaje*, tenía que estacionar el auto afuera de la acera para poder abrir las puertas y, como las calles en México son muy estrechas, tenía que poner mis *flashers* para evitar que otros autos me pegaran mientras estacionaba mi vehículo. De pronto, intuitivamente fijé mi mirada en las casas del cerro y pude observar un objeto metálico ovalado color gris, pero con una luz propia muy luminosa. Tan fuerte era la luz que se podían ver las casitas, su diámetro era aproximadamente de cuatro metros de alto por ocho metros de largo, por lo cual se podía notar perfectamente; se movía con lentitud de un lugar a otro. Yo estaba maravillado, no podía dar crédito a lo que veían mis ojos, mi mente se hacía una y mil preguntas; de dónde y cómo es que estaba ahí y por qué. Lo estuve observando por 20 minutos, pero mi cansancio era tan grande que me dispuse a estacionar el auto, tomar un baño y fumarme un cigarro para dormir a gusto, según mi costumbre.

Esa noche no ocurrió nada.

A la mañana siguiente desperté a la misma hora para ir a abrir el negocio. Así transcurrió todo el día y a medianoche —como era habitual— me dispuse a cerrar el negocio. Una vez en casa me acosté para disfrutar mi cigarro, cuando repentinamente una luz azul cielo muy preciosa y demasiado intensa se proyectó en mi habitación; la luz me cegó. Yo estaba muy emocionado y sorprendido, no podía dar crédito a lo que estaba ocurriendo, traté de sentarme en la cama pero una fuerza no me permitía moverme; pensé qué podría ser aquello. De pronto sentí que me sujetaban fuertemente pero sin lastimarme, traté de moverme pero no podía, traté de hablar para avisarles a mis padres pero no podía articular palabra alguna y pensé dentro de mí: "¿Quiénes son ustedes?", pero no me contestaron.

Creo que todo cambió cuando les dije en mi pensamiento: "Está bien, yo deseo cooperar" y solté mi cuerpo, que experimentó una laxitud y un descanso tan grande que sentía como si estuviera muerto, una paz enorme, algo que no había sentido jamás en mi vida. De pronto escuché en mi mente que alguien me hablaba y me decía: "Descansa, no tengas miedo, no te haremos daño", y yo mentalmente les dije que estaba bien, que me sentía a gusto; no había dolor ni preocupación, nada malo existía. Únicamente pude ver tres siluetas, la luz era demasiado intensa, solo pude apreciar sus cuerpos. Dos eran del tamaño de un niño y el otro cuerpo tenía aproximadamente dos metros de alto.

De pronto caí en un sueño profundo como si me hubieran anestesiado. No sé cuánto tiempo transcurrió; cuando la luz azul preciosa desaparecía lentamente de mi recámara, pegué un brinco desde mi cama y no vi a nadie. Me dije: "Esto no fue un sueño". No pude apagar el cigarro porque se encontraba en mi buró doblado, como si lo hubieran apagado porque les molestara el humo o quizás el mal olor. Yo siempre me terminaba mi cigarro y esa vez estaba a la mitad y doblado. Las persianas estaban medio corridas, yo nunca las dejaba así porque tenía enfrente de mi recámara el poste de luz de la calle y si descorría demasiado las cortinas, la luz me daba en la cara. Me hacía una y mil preguntas pero no encontraba una explicación en ese momento. Mi reloj dejó de marcar las horas, todo era confusión en mí, quizás también influían mi cansancio y las largas horas de trabajo.

Me dispuse a dormir y a la mañana siguiente les comenté a mis papás lo ocurrido. Se quedaron mirándose el uno al otro como diciendo qué habría tomado yo; mi papá me dijo:

—Hijo, ¿de cuál fumaste o qué bebiste?

—Papá, mamá, ustedes saben de mis largas horas de trabajo que no me permiten socializar con mis amigos —les contesté.

Después de comentarles lo ocurrido, no me tomaron en cuenta. Así pasó mi tiempo de almorzar y antes de irme de regreso al negocio, mientras mi hermana se quedaba a cargo, noté algo muy curioso porque sentí comezón y vi que en mis talones tenía como un piquete de mosco y me dije que no era posible que tal insecto me los hubiera hecho tan perfectamente redondeados y uno en cada lado, eso no era una coincidencia. Entonces me acordé de lo sucedido la noche anterior y pensé: "¿Me habrán hecho algo los extraterrestres?". No podía dejar de cuestionarme.

De regreso al negocio me puse alcohol y noté que esas marcas supuraban una babilla blanquizca, pero no sentía dolor así que regresé a trabajar. Esa noche mi vida cambió para siempre, se volvieron a presentar en mi habitación y la luz azul intensa brilló nuevamente.

13

No podía ver pero intuía que en mi habitación se encontraban ellos. Escuché una voz que en mi mente se identificaba conmigo y que me dijo: "Hola, Agustín. Ahora sabemos todo acerca de ti. Mi nombre es Higer, yo soy el comandante de la expedición científica que estamos realizando. Nosotros venimos del cúmulo estelar llamado las Pléyades, *the Seven Sisters* en el idioma inglés; en el idioma japonés se conoce dentro de la escritura canji como *Subaru* y en griego como las Siete Palomas o las Cabrillas, las siete hijas de Atlas y Pleione, dentro de su cultura. Los aztecas las llamaban *Tianquiztli*, que significa 'lugar de reunión' en el dialecto náhuatl y que está localizada dentro de la constelación de Tauro en el catálogo estelar del observador astrónomo Messier como M-45. Nuestra estrella se localiza aproximadamente a una distancia de cuatrocientos años luz de la Tierra y su nombre es Alción, cuyo significado es 'fundación'; es la estrella más grande del cúmulo estelar, su color es azul claro debido a la composición de partículas que la hacen característica y de mayor magnitud en brillo a todas sus demás hermanas. Las Pléyades constituyen un cúmulo abierto de estrellas jóvenes y nuestro planeta se denomina Erra o Planeta Erra, ¡qué coincidencia si te pones a pensar en la similitud que existe con el nombre del planeta donde vives! Poco a poco te iremos mostrando y dando sabiduría de acuerdo a tu intelecto".

Higer me dijo:

—Tenemos una misión que queremos compartir contigo, por supuesto, si tú nos lo permites.

Yo sentía tal paz al estar con ellos que les dije:

—¡Claro que sí, acepto!

Todo esto me lo pedían telepáticamente, nunca me forzaron, todo era a mi libre albedrío.

—Estamos listos para prepararte para tu primera misión, no tengas miedo, todo va a estar bien, confía en nosotros —me dijo Higer.

—Está bien, ¡adelante! —le dije.

Sentí de pronto una velocidad impresionante y un frío que no me puedo explicar, no recuerdo si me llevaron física o espiritualmente, todo está dentro de mi subconsciente. Yo me preguntaba cómo ellos podían manejar materia, tiempo y espacio, algo que yo no comprendía. El frío y la velocidad indicaban que habíamos llegado, todo estaba oscuro, era de madrugada, aproximadamente las tres y media de la mañana.

"Yo voy a estar acompañándote todo el tiempo y estaré contigo hasta terminar con las misiones que nos están encomendadas. Ahora formas parte de nuestro grupo como otras personas que hemos asignado a otras misiones", me dijo Higer. Me dejaron en una calle solitaria y solo escuchaba los ladridos de los perros. El comandante extraterrestre Higer me acompañaba y dijo: "Camina hacia esa dirección", y así lo hice. Vi casas que estaban iluminadas tenuemente por la luz del poste, de pronto la Tierra empezó a temblar con gran fuerza, un terremoto sacudía las casas, todo estaba tronando muy fuerte. Una desesperación muy grande se apoderó de mí y mi instinto de supervivencia me hacía que corriera a algún lugar. Traté de ocultarme en una iglesia, pero grande fue mi sorpresa cuando al entrar en el templo apenas iluminado por las velas, instintivamente voltee hacia el techo y contemplé la cúpula; el candil que sostenía se mecía fuertemente y de pronto la cúpula colapsó y cayó, y en medio de las bancas, las veladoras que estaban en los altares caían al suelo. Dije para mí, todo asustado: "¡Dios mío, tengo que salir de aquí!". Mi desesperación se hacía mayúscula. No sé cómo pero salí casi volando, no corriendo, de la iglesia. Todo era como una pesadilla de la cual yo no podía despertar.

Logré salir y grande fue mi sorpresa al ver gente gritando, fuego y explosiones por todos lados. Los relámpagos en el cielo, los perros aullando, gente muerta, otros llorando y corriendo... todo era un caos, la tierra estaba tan cuarteada que abrió las calles. De pronto Higer me sujetó y me dijo: "¡Vámonos, es suficiente con lo que has visto!". No es posible imaginar el descanso que sentí cuando nos alejamos de ese lugar, todo era destrucción. Higer me dijo que ese lugar se llamaba La Antigua, en Guatemala, y que quería que diera un mensaje de aviso a la gente para que se preparara para lo que iba a pasar. Al oír esto sentí nuevamente el vértigo de la velocidad y ese frío, repentinamente sentí como si me hubieran jalado los pies, así como en un sueño, y desperté abruptamente dando un brinco desde mi cama. Mi cuerpo estaba completamente bañado en sudor, prendí la luz que había en mi recámara y di gracias a Dios porque me encontraba en mi habitación sano y salvo. Me dispuse a cambiar de sábanas porque estaban mojadas por la transpiración. Fui a la cocina a tomar un poco de agua y traté de dormir, no sé si fue por el susto o la impresión pero caí en un sueño muy profundo.

A la mañana siguiente me dispuse a irme al negocio. Mi hermana Silvia ya me estaba esperando.

—Llegas un poco tarde, siempre eres tan puntual... —me dijo.
—Si te comentara lo que me está pasando, no me lo creerías —le contesté.

Así transcurrió la mañana y ya en la tarde me acordé de un cliente que trabajaba en aquel entonces en el periódico *El Universal*, me dirigí a su casa y amablemente me recibió. Le dije que tenía una noticia que podía interesarle para ver si lo escribía en una de sus columnas del diario, me dijo que sí, y lo invité a tomar un café. Con gran cautela le dije lo de mi contacto con seres inteligentes de otro sistema y vi la expresión de sorpresa en su cara. Muy educadamente escuchó mi relato y al final me dijo:

—¿Es esto un artículo basado en un libro de ciencia ficción?

—¡Por supuesto que no! —le contesté—. Lo que le estoy diciendo es la verdad y es lo que va a pasar en un futuro no lejano.

Después de tener la conversación lo llevé a su casa y le agradecí su tiempo y su atención. Nos despedimos, pero sentí en mi corazón que cuando llegara a su casa iba a reírse de lo que yo le había dicho durante nuestro encuentro.

Pasó el tiempo, dentro de mi desesperación yo buscaba la nota en el periódico, pero no fue así. Llegó el día en que tenía que acontecer el terremoto; al pasar temprano por el puesto de periódicos, *El Universal* y el *Excélsior* daban en primera plana la noticia del terremoto que había ocurrido en Guatemala. El sismo había tenido una intensidad de 7.5 grados en la escala de Richter, se había registrado a las 03:33 de la mañana y había durado 49 segundos; había provocado la muerte de 23,000 personas y había dejado destrucción a su paso. Lo que más me impresionó fue ver en el diario la foto de una de las casas dañadas, esa había sido la última visión que yo había tenido antes de que mi maestro me llevara de regreso.

17

Tiempo después leí un artículo del periódico que decía que la catedral de la ciudad de La Antigua había sido la que había sufrido más daños. Al parecer, ese había sido el lugar donde yo me había encontrado. Me puse pálido, se había cumplido lo que Higer me había mostrado. La señora del puesto de periódicos me dijo:

—Joven, ¿se siente bien? Está usted muy blanco.

—Gracias, estoy bien, lo que pasa es que me impresionó demasiado el terremoto —le contesté.

Traté de comentar el fenómeno con ella, pero me quedé callado; pensé: "Si le comento lo ocurrido con los seres extraterrestres, a lo mejor se burla de mí".

Regresé a mi negocio, en mi cabeza me daba vueltas la impresión que recibí cuando estuve presente. El cumplimiento de dicho acontecimiento me estremecía y me ponía en una situación de recapacitar acerca de las futuras visiones o premoniciones. Gradualmente mi mente cambiaba de forma de pensar, cada vez que alguien me saludaba podía ver a través de ellos cómo eran sin necesidad de preguntarles. Estaba cambiando progresivamente de ser una persona alegre y jovial a ser una persona muy alejada de los demás, pensando profundamente en el futuro y qué nos depararía Dios. Me hacía miles de preguntas acerca de lo que me habían hecho en mis talones y necesitaba saber si eso estaba relacionado con mi forma de pensar y ver el pasado y el futuro, y con las voces que escuchaba en mi mente.

Se despertaban en mí sentimientos profundos y visiones que nunca había imaginado.

Cuando hice una pausa, mi amigo Kyile me dijo:

—Estoy muy impresionado. He sabido de casos aislados, pero en general creen que esas personas están fuera de la realidad o son mentirosas.

—Aquí estás viendo mi caso —le contesté—, piensan que estoy loco o que fumo marihuana.

—¡Es tardísimo! Es hora de regresar a casa —me dijo de pronto.

—Gracias por escucharme, Kyile.

—No te preocupes, te creo y espero que sigamos conversando —me dijo.

A partir de esa conversación, Kyile se fue adentrando e interesándose en mis experiencias personales con mis amigos los extraterrestres.

Después de que pasó el terremoto, mi maestro Higer no me preguntó por qué no se había escrito el artículo en el periódico; supongo que ellos sabían la respuesta: quién me hubiera creído.

Cierta noche en que me llevaron, pude verlos físicamente. Mi maestro Higer tiene aproximadamente un metro treinta de estatura, no tiene pelo, sus ojos son ovales y grandes, su piel tersa y suave, color moreno claro; su cerebro es un poco más abultado, señal de gran inteligencia. Son físicamente parecidos a nosotros pero tienen nariz y boca pequeñas. Sus uniformes son de un color metálico azul marino pero muy ajustados al cuerpo y tienen botas de piel color negro. El traje espacial tiene unas microfibras que mantienen su cuerpo a la temperatura que ellos requieren cuando están en otros sistemas planetarios, ya que les permite rechazar cualquier bacteria patógena que pudiera causarles una enfermedad; asimismo, es resistente al calor y al frío y, tal como mi maestro Higer me dijo, tiene la propiedad de rechazar un ataque con arma de rayo láser o cualquier tipo de arma, por supuesto hablando de un ataque cuerpo a cuerpo.

Los ayudantes de navegación eran seres un poco más pequeños y de diferente fisonomía. El color de su piel era morena clara, los ojos ovales, la nariz pequeña y su cerebro más amplio, señal de prominente inteligencia. Según mi percepción, su forma contaba con modales muy educados que irradiaban una paz que me hacían sentir una armonía y un descanso jamás percibidos en mi vida. Mi maestro Higer intuyó lo que estaba pensando y me dijo: "Dentro de nuestro cúmulo estelar, en las Pléyades, se encuentra un gran número de seres altamente inteligentes que provienen de otras galaxias y que han estado con nosotros intercambiando y compartiendo información biogenética que les ha permitido desarrollarse intelectualmente. Estamos hablando acerca de su DNA, que es más avanzado, de lo cual en la Tierra todavía no tienen idea. Nuestra misión, en parte, es intercambiar con ustedes experimentos biogenéticos que permitan tener en el planeta Tierra a los nuevos líderes que dirijan a la humanidad hacia una conciencia cósmica que les permita desarrollarse en un futuro no lejano. El planeta Tierra actualmente está afrontando un colapso que definitivamente llevará a la raza humana a su autodestrucción, como ha sucedido en otros planetas debido a la mala administración y al gobierno que está esclavizando al ser humano, dejándolo en un círculo vicioso donde tanto la educación como la expresión de creencia están manipuladas por ambiciones personales y no conforme a la enseñanza de nuestro mesías Jesucristo. Por eso Dios, dentro de su infinita sabiduría, tiene un plan de renovación que comenzará gradualmente a ser llevado a cabo cuando comience el año 2012.

Nosotros, los pleyadianos, no podemos intervenir en la formación evolutiva de esto".

Me sorprendí altamente ya que cuando mi maestro Higer se refirió a nuestro Señor Jesucristo comprendí que ellos estaban adoctrinados como nosotros aquí en la Tierra. Ser parte de un experimento científico no me daba miedo, cómo y de qué forma ellos lo llevaban a cabo me ponía en una situación de suspenso y nervios, porque aún no conocía realmente lo que ellos me habían hecho en los talones.

Al día siguiente me encontré nuevamente con Kyile y me dijo:

—*Quiero pedirte que me comentes qué es lo que sigue.*

—*Ahora yo invito el lunch —le contesté.*

Cuando fue la hora del almuerzo seguí narrándole mi experiencia.

No pude resistir la tentación de preguntarles qué me habían hecho realmente y cuando llegaron a visitarme, le pregunté a mi maestro Higer qué tenía en los talones. Me dijo que me habían hecho una pequeña cirugía para insertar unos microchips para poder tener información acerca de la composición de mis genes, tipo de sangre y todo lo que les permitiera saber si no me estaba afectando el estar realizando numerosos exámenes; era para que me mantuviera sano y que cada vez que saliera con ellos no me afectaran la velocidad, los cambios de mi atmósfera y su presencia, ya que tenían un alto índice de radiación dentro de sus campos electromagnéticos y podría experimentar fuertes dolores de cabeza, aneurismas o coágulos sanguíneos.

"Por eso te estamos haciendo exhaustivos exámenes y análisis: debemos protegerte y darte lo que necesitas para poder mantenerte física y mentalmente. Estamos bloqueando tu mente para evitar que tengas trauma, ya que otras personas que hemos contactado son muy susceptibles o demasiado nerviosas, por eso notarás que habrá situaciones o eventos que no podrás recordar, pero trataremos de dejar abierta tu mente activa para que puedas recordar lo más importante y des testimonio de nuestra presencia aquí en el planeta Tierra y puedas llevar los mensajes. Necesitamos ponerte en un ambiente físico y emocional para poder seguir con nuestras misiones presentes y futuras", así me dijo Higer. Y agregó: "No te imaginas lo que te espera, para ti va a ser la primera y gran aventura en tu vida. Pocos seres de la Tierra son elegidos como tú para dar un mensaje a la humanidad. Los microchips son parte de la información que estamos recibiendo de la función de tu organismo y nos permiten localizarte y controlarte en caso de un paro cardíaco, una fuerte impresión, etcétera".

Me bastó saber que yo estaba siendo protegido, pero algo dentro de mi ser estaba cambiando gradualmente, comencé a tener visiones y sueños muy maravillosos, una paz espiritual en la cual mi mente se abría a otras dimensiones que jamás me hubiera podido imaginar. Comprendí que es ridículo pensar que estamos solos en el universo y cierta noche —era el Día de los Muertos— pude comprobarlo. Unas amistades me invitaron a una fiesta cerca de un cerro llamado La Tortuga, que está cerca de la autopista. Ahí, en esa parte, se puede apreciar el Valle de México y la alta afluencia de vehículos que circulan entrando y saliendo del Distrito Federal. Salí a fumar un cigarro y de repente vi una luz blanca muy luminosa en forma de esfera, bastante grande, en la que se podían apreciar demasiadas ventanas circulares que dejaban salir la luz blanca. Dije para mí: "¡Wow, qué maravilla!". Se me hizo fácil ir a mi auto y hacer cambios de luz, cuando lo hice el ovni cambió de posición de un cerro a otro en un segundo. Me quedé maravillado. Lentamente se fue hacia el norte de la ciudad hasta que lo perdí de vista.

Mi amigo Jorge me preguntó por qué no estaba en la fiesta y le dije que había salido a fumar un cigarro, que no me iba a creer lo que había visto.

—¿Qué te pasó? —me dijo.

—¡Vi un ovni!

—¿¡Por qué no me llamaste?!

Todo fue tan rápido que me quedé maravillado observándolo hasta que desapareció de mi vista. No me atreví a comentarle lo que me había pasado en mi encuentro del tercer tipo porque no sabía cómo podría tomarlo ni si su comentario había sido en broma o en serio.

Ese mismo año un temblor de mediana intensidad sacudió la Ciudad de México. Era de noche, todos nos encontrábamos dormidos, de pronto la casa se movía de un lado a otro y tronaban fuertemente las estructuras de la construcción. Instintivamente salté de la cama y salí hacia el jardín, vi el cielo, estaba rojo y relampagueando; esa noche escuché algo único y maravilloso, como si un ejército de soldados surcara el firmamento, y mientras los caballos galopaban, el temblor se hacía más fuerte. De pronto escuché el sonido de una trompeta y cuando dejó de tocar, el temblor fue desapareciendo lentamente junto con los jinetes en sus corceles. Todo lo que veía y escuchaba lo iba guardando en mi corazón ya que no me atrevía a

23

comentarlo porque podían decir que estaba perdiendo la razón o que me estaba volviendo loco.

Regresé a mi cama a dormir. Mis papás estaban nerviosos y comentaban lo ocurrido. Esa noche Higer no se hizo presente y al otro día volví a mi rutina de trabajo. Pasaron varios días sin que supiera algo de mi maestro y sus acompañantes, pero una noche me dieron un regalo maravilloso, fue una sorpresa muy agradable: la luz azul intensa se hizo presente en mi recámara y noté que esta vez era más potente, un aroma muy especial estaba flotando dentro de la habitación, era incienso o un perfume que jamás habían captado mi olfato ni mis sentidos. Higer venía acompañado de un ser muy alto cuya mirada recuerdo, era muy amable. Yo sentía un profundo cariño hacia él; me dijo su nombre pero ahora no puedo recordarlo, me había impresionado la forma maravillosa en que irradiaba paz, amor y ese perfume tan exquisito que me hacía perder en un éxtasis de tranquilidad.

Entonces me preguntaron si estaba preparado y les dije que sí, "¡siempre!". Sentí el vértigo de la velocidad; al llegar me mostraron un edificio muy alto y me sacaron de su nave. Sentí cómo me sujetaban y la velocidad se hizo presente hasta llegar a lo alto del edificio. Esta vez le tocó al maravilloso extraterrestre de impresionante estatura, me dijo:

—¿Qué es lo que ven tus ojos?

—Sé que estoy en un edificio que es bastante alto —le dije—. Puedo ver las nubes blancas del cielo y un azul que mis ojos jamás habían visto, este color tan especial.

De pronto observé unas garzas bastante grandes y su plumaje tan blanco que resplandecía con el sol.

—¿Qué es lo que ves, que está volando entre las nubes? —me preguntó.

—Veo unas garzas de un plumaje hermoso y majestuoso —le contesté—. Están volando tan alto que tocan las nubes.

—Eso es lo que estás viendo con tus ojos humanos, pero ahora yo, como tu nuevo maestro, te haré ver con los ojos espirituales.

Y como si se me hubiera caído una venda de los ojos, maravillado vi cómo las garzas se transfiguraban en ángeles de Dios. Sentí un nudo en mi garganta y miré a mi nuevo maestro espiritual, que me dijo:

—Te dejamos aquí para que disfrutes de lo que con tus ojos espirituales te estamos mostrando.

Como un niño travieso, al quedar solo en las alturas me acerqué al borde de lo más alto del edificio y abrí mis brazos en señal de que yo quería tocarlos. Sentí una paz tan inmensa que sentía deseos de llorar. Mis ojos se llenaron de lágrimas y con gran deseo quería tocar a los ángeles. Una garza de impresionante plumaje se acercó a mí y lentamente comenzó a bajar y abrir sus majestuosas alas, hasta que me abrazó. Yo me sentí profundamente conmovido. De pronto se transformó en un ángel de gran estatura, de blanco atuendo, su cinto era de oro que resplandecía como el sol, su pelo rubio irradiaba luz, su perfume me extasiaba. No sé cuánto tiempo transcurrió, hubiera querido que nunca se terminara ese maravilloso momento. No sé cuánto lloré, sentí cómo el ángel de Dios me tomó en sus brazos y yo, como un niño, me quedé dormido.

A la mañana siguiente, cuando desperté, mis ojos estaban enrojecidos de tanto llorar. Mis mejillas estaban frías por las lágrimas, mi pensamiento trataba de recordar todo lo sucedido. Hubiera querido no despertar nunca y regresar a ese maravilloso lugar, pero tenía que volver a mi rutina habitual. Mis hermanos y mis papás notaban mi cambio pero pensaban que se trataba del estrés del trabajo. En verdad no podía combinar mis experiencias especiales, no podía comparar una con otra, definitivamente no. Todo lo iba guardando en mi corazón y en mi pensamiento por no poder compartirlo con alguien; quizás no me hubiesen comprendido y no me hubiera gustado que se burlaran de mis sentimientos. Maduraba poco a poco, pero más espiritualmente. Claro que no todo en la vida es miel, tenía problemas como cualquier ser humano y a veces chocaba emocionalmente.

Tenía una novia, pero nunca formalizamos una relación con planes matrimoniales. Me daba tristeza porque a veces no tenía tiempo de verla; era una chica jovial y muy bonita, pero desafortunadamente pocas veces podía estar con ella. Cierta tarde que estaba en el negocio me puse a pensar en ella, gradualmente fui visualizando un lugar que estaba cerca del negocio, de repente la vi tomada del brazo de un muchacho y se notaban muy felices y platicaban. Sentí celos y desesperación, y le dije a mi hermana: "Por favor, quédate a cargo del negocio, regreso en unos minutos". Me fui rápido a ese lugar donde los había visualizado y de pronto sentí cómo mi sangre se helaba: ahí estaban los dos besándose y abrazándose. Cuando me acerqué la reclamé, pero ella me respondió:

—¡Cómo te atreves a reclamarme si tú nunca tienes tiempo para mí!

Bajé la cabeza en señal de respeto y le dije:

—Discúlpame, tienes razón, lo siento, no debí venir a interrumpirte.

Y triste, con lágrimas en mis mejillas, me di la vuelta y regresé al negocio. Mi hermana me preguntó qué me pasaba, qué tenía; me aguanté las ganas de llorar y le dije que no era nada, que no se preocupara. Esa noche me fui a un bar donde tocaban música romántica y me dispuse a ponerme una borrachera.

Nunca voy a olvidar cuando el dueño del negocio se acercó a mí y me dijo:

—¡Ey, muchacho, estás triste y dolido!

—Sí, terminé con mi novia. Bueno, mejor dicho, ella terminó conmigo.

Me miró con ternura, como un amigo que respeta el dolor, y me dijo que tomara un trago de la casa, y le pidió a sus músicos que estaban a un lado que tocaran la de Baby come back. Cuando comenzaron a tocar, mis lágrimas empezaron a rodar por mis mejillas. Esa noche no recuerdo cómo llegué a casa ni cuánto tomé.

Mi maestro Higer, en esa ocasión, no me reprochó lo de mi borrachera y cierta noche me regaló una experiencia que nunca voy a olvidar. Era ya bastante tarde y por mi cansancio siempre caía en un sueño profundo. Como ustedes saben, a veces soñamos que estamos en el negocio o recordando cosas que nos suceden. De pronto escuché una voz que me decía:

—¡Ey, voltea!

Mi sueño cambió de repente y vi a un ser pequeño como del tamaño de un niño pero de apariencia humana, cuyo rostro, a diferencia del nuestro, irradiaba mucha luz. Demasiado sonriente, me dijo:

—¿Te gustaría volar?

Yo lo miré y le pregunté:

—¿Cómo?

—No te preocupes, tómame de la mano —me dijo.

Y así lo hice. Recuerdo que me encontraba rodeado de casas muy bonitas y era un atardecer de nubes blancas y muy soleado, con el cielo de un azul maravilloso, como el que había contemplado en mi visión de los ángeles de Dios. De pronto sentí una brisa fresca y comenzamos a ir volando. Me miraba con una gran sonrisa como preguntándome si yo lo estaba disfrutando y moví mi cabeza en señal de aprobación. De pronto, como si hubiéramos entrado en otra dimensión, estaba viendo lugares muy diferentes a los vistos aquí, en nuestro planeta: un océano de unas olas apacibles color verde cristalino, con unas playas de arena blanca; la formación de las rocas era un poco diferente. Eran demasiados lugares muy preciosos.

No sé cuánto tiempo estuvimos en ese paraíso. En un momento me dijo que era hora de volver. Yo estaba demasiado satisfecho, así que no puse objeción. Al regresar comencé a ver esas casas bonitas y suspiré tan fuerte que sentí que me solté de la mano de mi nuevo amigo, caía con lentitud, vi que peligrosamente me acercaba a los cables de alta tensión de una torre de energía eléctrica. Con desesperación trataba de evitarlos para no quedar electrocutado, buscaba a mi acompañante sin poder verlo, hasta que de repente toqué los cables y la alarma de mi despertador me hizo saltar del susto. Me levanté abruptamente y me senté en el borde de mi cama. Dije para mí: "¡Gracias, Dios mío, no me electrocuté, fue solo un sueño!".

Regresaba a mi rutina pero con una sonrisa en mis labios, mis clientes habituales del negocio me preguntaban por qué estaba tan alegre, a lo que les respondía: "Me siento como si estuviera volando".

Disfrutaba en silencio las experiencias maravillosas que mis maestros pleyadianos me regalaban. Era verdad que mi trabajo me esclavizaba, pero mis hermanos extraterrestres espiritualmente me recompensaban por el arduo trabajo.

Recuerdo que un domingo, estando solo en casa después de comer, me dispuse a escuchar música acompañado de una copa de vino blanco. Esa fue la tarde más triste de mi vida. Sin pedirle permiso o ayuda a Higer, mi maestro, utilizaba mis sentidos para poder ver hacia el futuro y, conforme avanzaba en el tiempo, se presentaban imágenes de mis papás y veía cómo en un futuro no lejano mi papá iba a fallecer, y después venían otros acontecimientos desagradables que estaban predestinados a cambiar mi vida. Esa noche lloré amargamente, hubiera querido no saber cómo usar mis sentidos para poder ver hacia el futuro; la presencia de Higer me quitó mi pesar y me dijo:

—Hubiera querido poder decirte lo que tú viste ahora, pero lo dejé a tu libre albedrío. No hay poder humano que pueda cambiar el destino, lo que ya está escrito está en las manos de Dios.

—Es doloroso perder a un ser querido —le comenté—, pero yo siento que me lo dices de una forma insensible. Dime cómo tú ves la vida. ¿Acaso ustedes han desarrollado científicamente un modo de prolongar la vida eternamente?

Sonriéndome en una forma muy especial, me dijo:

—Nosotros, los pleyadianos, descubrimos cómo podemos prolongar la vida, pero no eternamente, eso le corresponde a Dios. Ya llegará el momento de mostrarte el amor de Dios y sus propósitos para la humanidad, por lo pronto descansa, duerme y no te atormentes.

Sentí cómo puso sus manos en mi cabeza y caí en un sueño tan profundo que a la mañana siguiente abrí tarde el negocio. Mi hermana me dijo que ya se estaba volviendo costumbre. Realmente no me sentía cansado, olvidé por completo mis visiones y, poniendo otra cara, le comenté:

—Tuve un sueño pero no era nada halagador.

—Dale gracias a Dios porque tienes salud y este negocio que te da para comer —y sonrió.

Por supuesto, mi hermana no sabía abiertamente acerca del encuentro con seres extraterrestres.

Era un lunes, tiempo de salir del trabajo. Kyile —mi Terminal Manager— me llamó a mi celular y me dijo: "Te veo a las siete en tal lugar"; llegué y me preguntó:

—¿Hay algo interesante que me puedas comentar?

—¿Realmente podrás creerme lo que me pasó? —le dije.

—Te creo, todo es posible —afirmó mientras me sonreía. Y le seguí narrando.

Pasaron tres años de grandes sucesos y premoniciones, por ejemplo, Higer me dijo que el volcán Popocatépetl, en México, iba a tener erupciones, pero me dijeron que tenían la misión de poder ponerlo en calma, que era demasiado peligroso ya que ese volcán era superior a la actividad que había tenido el de Krakatoa. Estamos hablando de unas tres veces más poderoso, ¿ustedes se imaginan una explosión de tres bombas nucleares? Por eso fue detectada la presencia de ovnis cuando el volcán comenzó a tener erupción. Un reportero de un periódico de la Ciudad de México pudo tomar una fotografía cuando el volcán empezaba a tener actividad, informó la aparición del ovni que se internó en el volcán y en minutos dejó de hacer erupción, lo cual fue informado al público en el diario que trataba el suceso ocurrido. La imagen que captó el periodista en su cámara es impresionante.

Higer me comentó que ellos estaban desviando el magma volcánico a otros lugares donde hay aguas azufrosas, por ejemplo en el estado de Puebla. La actividad volcánica a nivel mundial se está haciendo más intensa debido a los cambios dentro del magnetismo de la Tierra por los cambios causados por la pérdida del ozono en la atmósfera. Esto ocasiona un trastorno al globo terráqueo y también afecta a todos los demás planetas de nuestro sistema solar, debido a que el Sol también está en una fase de erupciones aun más violentas que en fechas anteriores. En consecuencia, el Sol pasará gradualmente de ser una estrella mediana de tipo G a ser una gigante roja, lo cual a través de los años irá en aumento. El calor afectará a todos los planetas; la heliosfera del Sol tiene un campo magnético que nos está llevando hacia un nuevo nivel de energía y ese aumento cambiará la naturaleza de todo ser humano.

También estaba recordando que en todos mis sueños aparecía un *jet* con pasajeros y había un cerro que tenía pintadas letras muy grandes que decían "PRI", de pronto el *jet* volaba demasiado cerca del cerro y se estrellaba donde estaba pintado el letrero de ese partido político; tiempo después el partido oficial del PRI, después de 74 años, terminaba su reinado de corrupción y asesinatos. El partido político más fuerte se derrumbaba causando un revuelo político en el país de México.

También dentro de mis sueños escuchaba el llanto de un niño, me daba un gran sentimiento y me despertaba en las noches suspirando y llorando, no pude aguantar más y le dije a Higer cuando estuvo presente:

—¿Por qué todas las noches en mis sueños escucho el llanto de un bebé? Dime por qué, Higer.

—El llanto que tú escuchas en tus sueños es de tu bebé —me contestó—: lo has tenido con una mujer de nuestro planeta. Tiene aproximadamente tres años de edad terrestre.

—¿Es verdad lo que me estás diciendo? ¿Cómo pudo suceder? —pregunté.

—Cierta noche que tú estabas dormido y te llevamos a nuestra nave, ya lo teníamos preparado de antemano —me dijo Higer—. Nosotros estamos dando vida a seres de nuestro sistema planetario con el suyo debido a que el planeta Tierra en un futuro no muy lejano padecerá terremotos tan grandes como la Atlántida Mu y Lemuria. Estamos buscando la mejor forma de adaptación del ser humano con nuestra raza dentro de nuestro cúmulo de las Pléyades y ver atmósfera dentro de nuestros planetas es ideal para la futura convivencia del ser humano y nuestra gente. Es verdad que tú no recuerdas muchas cosas porque bloqueamos tu mente para no causarte un estrés o trauma, pero nosotros te preguntamos si deseabas tener relaciones sexuales con una de nuestras mujeres, obviamente dijiste que sí, hasta brincaste de gusto.

No pude contener la risa y le dije:

—¿Por qué no puedo recordar todas esas cosas que me sucedieron?

—Quizás no te hubiera gustado físicamente ella, pero cuando te pusimos una crema especial para que te excitaras sexualmente, no pusiste ningún "pero" —dijo mi maestro, y sonrió de una forma especial—. Yo vi tu expresión de satisfacción cuando te llevamos de regreso a casa.

Me rascaba la cabeza tratando de pensar por qué no podía recordar lo que había ocurrido esa noche, no por morbosidad sino por saber cómo era mi compañera extraterrestre físicamente, y quería saber si volvería a ver al bebé. Higer me dijo que cuando fuera oportuno podría verlo y abrazarlo. Después mi duda era cuándo la Tierra tendría un colapso como la Atlántida; personalmente me preguntaba: "¿Realmente existieron la Atlántida Mu y Lemuria?"; Higer me contestó que lo sabría todo a su tiempo.

Seguía con mi interrogante acerca del bebé, pero Higer me dijo que en ese momento lo tenían preparándose como todo un gran científico. Me quedé maravillado, pero ¿ustedes se imaginan si yo lo comentara con la gente?, me tratarían de enfermo mental y fantasioso. Higer me respondió que para ellos era algo normal que seres de otros planetas tuvieran un acercamiento, que no había nada de anormal, que todo era parte de un ciclo de vida. Obviamente ustedes en la Tierra ni siquiera pueden tener idea de ello. Cada día comprendía que si Dios había formado un universo tan grande, no era para que lo habitara únicamente el ser humano, porque eso era ridículo, estúpido y egoísta.

Yo continuaba narrándole mi historia a Kyile.

Después de vender el negocio en México me dediqué a otra actividad: fui transportista de turismo. Seguía estando solo, no tenía ningún compromiso. Al visitar las ruinas de Chichen Itzá, en Mérida, Yucatán; en Monte Albán y Teotihuacán, la verdad que me quedé maravillado, me hacía una y mil preguntas acerca de quiénes habían sido los autores y cómo habían podido construir tan inmensas pirámides de grandiosa arquitectura. Cómo era posible que, habiendo tormentas tan devastadoras, hubieran tenido un sistema de drenaje que ni actualmente nuestras modernas ciudades tienen.

Después de haber realizado varios viajes a diferentes partes de la República Mexicana, día a día estaba más maravillado por las pirámides, nuestra historia y los museos. Llegué a casa después de largos viajes por el interior de la república y me dispuse a tomar unos días de descanso. No sé por qué pero yo presentía que mi vida estaba ya predestinada a algo, a eventos; poco a poco todo se me estaba presentando de acuerdo con un plan y todo parecía indicar que así era, porque la noche en que llegó Higer le dijo al contramaestre de navegación que precisara coordenadas de navegación hacia Machu

Picchu. La luz azul iluminó fuertemente la recámara de mi habitación y salimos en la madrugada rumbo a ese lugar.

Mi maestro Higer me dijo: "Sé que quedaste altamente impresionado con lo que viste en los viajes a las pirámides, por eso ahora te vamos a mostrar quiénes fueron sus arquitectos". El ovni esta vez se desplazaba supuestamente a una velocidad mediana; el contramaestre de navegación movió algo dentro del panel del ovni y cambió el interior de la cabina de un azul cielo al color naranja metálico y después al color plateado. De pronto se vio cómo una ventana se abría en el interior de la cabina y me mostraba la faz de la Tierra, estábamos volando por el Océano Pacífico. Comenzó a cambiar

la hora, nos estábamos aproximando a la Tierra y desde las alturas se podía observar una figura, era un ser extraterrestre que amistosamente saludaba con su mano, nos encontrábamos en Nazca. Según Higer me mostraba, vimos diferentes figuras, pero me sorprendió demasiado la figura del extraterrestre que estaba saludando, una figura demasiado grande como para poder observarse en la Tierra.

Hice una pausa para decirle a Kyile: "Esta va a ser una de las experiencias que te van a sorprender, es acerca de quiénes fueron los constructores de las pirámides y por qué los incas y mayas tenían un gran avance del conocimiento astronómico y arquitectónico". Luego continué con el relato.

Higer comenzó a narrarme más a fondo el origen de los constructores de las pirámides en todo el mundo y me dijo que ellos, los pleyadianos, eran los maestros de los mayas, incas, aztecas, egipcios y griegos; que su comunidad estaba integrada por todos los habitantes de sus estrellas, siete estrellas en particular, formadas por sus respectivos planetas; que por mandato divino de su gran maestro habían decidido venir a la Tierra y edificar las pirámides y que los nombres de esas estrellas eran: Alción, Maia, Celeno, Electra, Esterope, Taygeta y Merote. De acuerdo con la mitología, todas esas estrellas eran hijas de Atlas y Pleyone.

Me dijo que su comunidad estelar de las Pléyades era bastante grande y que cada comunidad de dichas estrellas se había encargado de llevar a cabo la construcción de las pirámides. Higer me dijo que me iba a mostrar por qué habían decidido realizar esas construcciones piramidales y me lo explicó diciendo que, debido a los campos magnéticos de la Tierra, este tipo de construcción guarda una energía electromagnética que, junto con el Sol, permite servir como radiotelescopios gigantescos que pueden usarse como vías de comunicación dentro de su cúmulo estelar. Por eso las pirámides están con esas estrellas, principalmente Alción, que es la más brillante en magnitud y que, junto con el Sol y la Tierra, marca el centro de su cúmulo y el centro de la Vía Láctea.

Me aclaró mi maestro que, ciertamente, al pasar los años y estar cambiando el eje de la Tierra, se había perdido un poco de variación electromagnética. Con respecto a la posición terrestre, el motivo de construir observatorios astronómicos había consistido en darles conocimiento a los mayas, incas y aztecas sobre el movimiento de los astros y fechas "para que pudieran tener conocimiento exacto de nuestra posición, de nuestro cúmulo y de más constelaciones". Ciertamente las pirámides fueron construidas para los equinoccios y solsticios, y dieron por resultado el conocimiento de implementar las fechas de las cosechas, entre otras cosas; el calendario maya y el azteca fueron los más avanzados hasta ahora, inigualados en precisión y predicciones, pues marcan las finalizaciones de las eras en este planeta.

Higer prosiguió enseñándome que Quetzalcóatl fue reconocido por los aztecas como un Dios, pero que ellos, los pleyadianos, lo llamaban Maestro de Luz, que proviene de las altas jerarquías a través de un plan divino y que fue mandado a dar luz y sabiduría al mundo.

Hice una pequeña pausa y le comenté a Kyile que Higer me había dado más información pero que era poco lo que podía recordar debido a mi trabajo y mi cansancio. "Sé que tengo información más valiosa dentro de mi subconsciente pero tú sabes que las hipnoterapias son costosas y desafortunadamente yo no cuento con el capital suficiente para poder hacer terapias regresivas. Además, hasta ahora nadie se ha interesado en mi experiencia personal, todo ha quedado en la oscuridad, sin embargo, déjame decirte que personalmente para mí ha sido una experiencia maravillosa porque me están proporcionando información hasta ahora desconocida por la humanidad".

En efecto, Higer me había manifestado que después de su partida, al finalizar la construcción de las pirámides, muchos nobles habían decidido irse con los pleyadianos a su cúmulo estelar. Debido a que los grandes nobles mayas, incas y aztecas veían que pasaba el tiempo y no sabían nada de sus dioses y maestros, todo el esplendor de sus culturas empezó a sucumbir por problemas internos políticos y sociales. Ningún gobierno puede sustentarse sin la guía de Dios y es verdad que mucha información se perdió ya que a la llegada de los españoles todos los códices fueron destruidos, sus ciudades fueron saqueadas y los templos quemados. Así se dejaron a la deriva gran conocimiento y sabiduría. Es cierto que pocos códices se salvaron pero desafortunadamente están en otros países y si hay algunos otros, jamás fueron descifrados o puestos a la luz pública; qué tristeza.

Cuando llegamos a Machu Picchu recuerdo que me dejaron en la entrada principal. Recordaba las piedras y cómo estaban edificadas las pirámides, constituían una vista maravillosa. Vi a los indígenas de ese lugar con sus ropas típicas pero en ellos podía percibir que su mirada era triste y su rostro envejecido, no sé por qué, yo así lo veía. Mientras iba en ascenso hacia las pirámides veía las miradas de los hombres ancianos y las mujeres, se les notaba fatigados. Llegué a cierta altitud y pude apreciar una zona donde había una avenida que llegaba hacia una explanada, era impresionante ver ese lugar por la inmensa altitud.

Después de caminar por un rato, me dijo mi maestro Higer: "Vámonos, te voy a mostrar otra área que al principio fue uno de los centros ceremoniales de mayor importancia". Me llevaron hacia un lugar que se encontraba como a 60 km de distancia; el nombre no lo recuerdo, pero lo que sí recuerdo fue lo siguiente.

Higer me dejó a la entrada de una pirámide que había sido en aquel entonces un centro ceremonial muy importante, de acuerdo con lo que él me había descrito. Caminé hacia dentro de la pirámide pero vi otra salida y de pronto me encontré con algo que parecía una gruta o caverna, aunque estaba muy iluminada. Recuerdo que tenía un pequeño riachuelo de agua cristalina, escuchaba el murmullo del agua al correr, estaba fascinado; el agua me daba a los tobillos y seguía internándome dentro de la caverna. De pronto escuché una voz que, con tono impresionante pero sutil, me decía: "Descálzate, estás pisando un lugar sagrado". Obedecí inmediatamente y, haciendo una reverencia con una inclinación de la cabeza, escuché nuevamente la voz que me decía que me arrodillara. Así lo hice.

Cuando levanté poco a poco mi cara, vi que en medio del riachuelo de agua cristalina había un cuarzo triangular que iluminaba la gruta, era algo maravilloso, era una piedra de tres lados y tenía como tres metros de alto, era muy resplandeciente. Al parecer era ahí donde se había manifestado Dios en un tiempo remoto a los antiguos incas. En mi visión escuchaba a lo lejos la música de los incas con flautas y quenas, como un murmullo que se confundía con el correr del agua del riachuelo. Así mi visión se iba desvaneciendo lentamente con esa maravillosa música. Esa mañana me desperté con un gran ánimo para comenzar mi día de trabajo, tuve muchísimas visiones y sueños proféticos, los comentaba entusiasmado pero toda la gente me ignoraba, ya estaba acostumbrado, pero todo eso me alimentaba espiritualmente.

Seguía pasando el tiempo, varios turistas me animaron a conocer los Estados Unidos. Saqué mi visa y me dispuse a visitar la ciudad de los Ángeles, Ca. Era el año 1985, yo aún estaba soltero, decidí quedarme y cuando ya estaba trabajando y comenzaba a frecuentar a la que sería mi futura esposa, yo dormía en una camioneta equipada. Los amigos con los que me veía me invitaban a tomar y me gustó la bebida, en una de esas fiestas tomé en exceso y a la mañana siguiente, cuando estaba trabajando en la bodega en la ciudad de South Gate, le dije a mi supervisor:

—Fui a una fiesta y bebí en exceso. No me siento bien, necesito irme a recostar. —Tienes fiebre, será mejor que vayas a ver al doctor —me contestó.

No sé cómo, pero recuerdo que manejando me fui al Hospital General y llegué a urgencias. Rápido me trasladaron a una camilla y me administraron suero, perdí el conocimiento y hasta el otro día no pude recobrar la memoria. Mi actual esposa, que en aquel entonces era mi novia, se enteró y me fue a visitar al hospital. Tiempo después se retiró y me quedé solo, la fiebre no cedía y me ponían toallas con agua en la cabeza y bastante suero. Vinieron varios doctores a verme y solo registré que movían la cabeza como diciendo que no me veían bien. Me dieron un suero que me hizo dormir toda la tarde. No sé qué hora era cuando desperté, porque la enfermera me movió para cambiarme de suero y ya después se retiró.

Esa noche se presentó Higer, mi maestro, y me reprochó lo que había hecho. Le pedí disculpas y le dije que pensaba que se había terminado nuestra estrecha amistad. Por el contrario, me dijo:

—Ahora vas a entrar en otra etapa de tu vida que te hará cambiar para siempre tu forma de pensar. Vamos a causarte una muerte física para poder mostrarte el propósito de nuestra misión aquí en la Tierra.

—Si voy a morir, ¿cuál es el propósito? —pregunté, porque obviamente yo no podía entender, me encontraba bajo el efecto de fuertes narcóticos y sueros; enseguida le dije a Higer—: Aquí estoy, adelante.

De pronto sentí como si hubiera tenido un paro cardiaco, sentí una paz inmensa, comencé a flotar, me vi en mi cama.

—Ven, acércate a donde está este túnel —me dijo mi maestro. Sentí miedo y él intentó tranquilizarme:

—Entra, no temas.

En ese túnel vi como una forma de cueva redonda oscura, no había luz, sentía una paz inmensa pero a la vez terror. Mi maestro me dijo que siguiera caminando.

—¿Ves esa tenue luz que hay más allá?

—Sí, la veo —respondí.

Ya no caminaba, sentía que iba corriendo mientras la luz se hacía más intensa. Cuando terminó el túnel, la luz era maravillosa. Higer me dijo que entrara, y grande fue mi sorpresa al ver entre las nubes un cielo tan azul como el de mi visión y unas puertas de hierro pulidas demasiado grandes. De pronto se abrieron las rejas de ese maravilloso lugar y vi a un hombre de barba que tenía una túnica blanca muy resplandeciente y en sus manos tenía unas llaves de oro muy grandes; era de mirada dulce y apacible, me invitó a pasar.

Recuerdo que Higer no me acompañaba; caminé un poco y me dijo que me desnudara porque iba a entrar en un estanque de agua cristalina. Avancé hacia ese estanque y había una caída de agua como una pequeña cascada, me sumergí y sentí una paz tan inmensa que no hubiera querido salir de ahí. El hombre de barba me dijo que saliera y me pusiera una túnica. A su alrededor había dos ángeles alados que lo asistían, eran muy altos, de apariencia humana pero muy rubios, de pelo largo, y sus túnicas blancas irradiaban mucha luz; tenían una mirada dulce y apacible que me infundía una seguridad y una paz jamás sentidas en mi vida.

El hombre barbado me dijo que lo siguiera, que me iba a mostrar lo que le estaba permitido. Caminamos por un jardín precioso y llegamos a donde pude ver un edificio muy grande que parecía más bien un castillo medieval, aunque tenía demasiadas ventanas. Al llegar a la entrada, noté que tenía escalones de mármol blanco que resplandecían con la luz del sol. La entrada era muy amplia, tenía una puerta muy bonita y estaba abierta de par en par. En ese amplio pasillo observé unas camas que me recordaron a un hospital, estaban limpias y relucientes, pero no había ningún enfermo. El hombre me dijo:

—¿Qué es lo que ves?

—Veo muchas camas pero no veo a ninguna persona enferma o lastimada —respondí. —Están vacías porque aquí no hay personas enfermas o que se estén recuperando de alguna enfermedad —dijo el hombre barbado.

Lo cierto es que quizás yo no pude entender correctamente porque obviamente no hay cuerpos enfermos y sí espíritus que necesitan recuperarse cuando uno fallece, eso es lo que yo pude entender de acuerdo con mi criterio, porque aunque yo estaba muerto físicamente, espiritualmente estaba sano y sin ningún dolor. El hombre me dijo que eso era todo lo que tenía permitido mostrarme y que era tiempo de regresar.

Caminamos por ese hermoso jardín, y los pajarillos y esa paz nos acompañaron de regreso a donde se encontraba ese inmenso portón de hierro, entonces sacó sus llaves y lo abrió.

—Es tiempo de regresar —me dijo.

—No, no quiero regresar —dije yo, y me abracé a él llorando.

—Tienes que regresar, aún no es tu tiempo —me dijo mientras me sonreía tiernamente y me abrazaba.

Se acercó mi guía y maestro espiritual y me tomó del hombro. Me dijo que teníamos que regresar, que por el momento era suficiente lo que había visto. Esa vez sentí a Higer muy disgustado. No tenía palabras para preguntarle, volteé la mirada hacia atrás y pude ver que el hombre barbado cerraba el inmenso portón y desaparecía como si se desvaneciera entre las nubes. Vi el agujero, entré y sentí como si me jalaran; tuve visiones de mi niñez y de mi edad actual, como si estuviera viendo en una pantalla del cine toda mi vida.

Cuando desperté me levanté de la cama, pero las agujas del suero hicieron que lastimara mis venas y terminé bañado en sangre. Entró un doctor y me dijo que no me preocupara, que se iba a encargar de mí. Lo hizo rápido y sonriendo y se despidió de mí. Yo me sentía en las nubes, no sé si habrá sido por los antibióticos o la impresión, estaba muy mareado. Luego llegó una enfermera y me preguntó quién me había cambiado, le contesté que un doctor y pareció extrañada. Le describí al médico: de pelo rubio, joven y alto; le conté que cuando había terminado de cambiarme me había dicho que no me preocupase, que iba a estar bien. La enfermera me dijo que no había ningún doctor de guardia en ese momento, que llegaría al cabo de diez minutos. Me estaba revisando y me dijo que el joven médico que yo había mencionado me había hecho un excelente cambio de cintas para el suero, pero no dejaba de preguntarse quién sería ese doctor.

—Ahora que ha pasado el tiempo y que he recordado todas mis experiencias, lo único que puedo decirte, Kyile, es que fue un ángel quien se hizo cargo de que yo regresara a la Tierra con bien.

—Estoy de acuerdo —me dijo—, pero honestamente yo nunca he podido ver o hablar con un ángel. Estoy sumamente impresionado con tus experiencias personales.

Salí del hospital dado de alta y completamente recuperado. Dios me había sanado pero seguía sin entender que el beber me causaba daño, dejaba un lapso sin tomar y luego volvía a lo mismo, me había gustado el alcohol.

Pasó el tiempo y llegó el día en que mi esposa y yo unimos nuestras vidas en matrimonio. Luego de un año y medio mi esposa quedó embarazada, pero en la visita al doctor, lejos de recibir buenos pronósticos, nos enteramos de que el bebé venía mal, se estaba desarrollando en las trompas de Falopio, lo cual le causaría la muerte. El doctor dictaminó que mi esposa tenía que ser sometida a una operación de emergencia a la mañana siguiente para evitar que tuviera complicaciones. La noticia nos afectó profundamente a los dos. Mi esposa estaba inconsolable, yo no sabía qué decirle, estaba destrozado.

Mi mujer quedó internada esa noche en el hospital para ser intervenida temprano al día siguiente. Al llegar a casa lloré como nunca, fue entonces cuando llegó Higer y me dijo:

—No te preocupes.

—¿Cómo es posible que me digas tal cosa? Estamos perdiendo a nuestro bebé —le dije. —¿Tienes fe? —me preguntó.

—Sí —afirmé—, con esa fe tan grande que Dios me ha mostrado... Pero ¿tú sabes que el bebé se va a perder?

—Para Dios no hay nada imposible —respondió—, Él es el Creador de la vida en todo el universo y si esto está pasando, es para que su gloria se muestre en tu esposa y en ti, ¡confía en Dios!

Resignado por los acontecimientos, esa noche en casa sentía la soledad de no ver a mi esposa conmigo y de no poder resignarme a la pérdida de nuestro bebé. Lloré como nunca reclamándole a Dios por qué nos había tocado a nosotros pasar por esa situación y entre suspiros y llantos me quedé dormido, pero a altas horas de la noche se hizo presente mi maestro Higer quien, dándome un beso en la frente, me dijo que había venido a mostrarme lo que Dios Padre deseaba que se cumpliera conforme a su propósito. Higer puso sus manos en mi frente y caí en un sueño profundo. Dentro de mi visión, recuerdo que había terminado de llover y el cielo estaba oscuro; era una mañana fría, a la lejanía se veían las nubes oscuras contrastando con la luz del sol para dar inicio al fin de una lluvia turbulenta.

Recuerdo que supuestamente iba caminando por una calle que iba de subida y tenía sostenida en mi mano izquierda a mi hija, ella era pequeña, comenzaba a caminar e íbamos despacio. Del otro lado de la calle veía correr mucha agua cristalina pero que era muy turbulenta, corría demasiado aprisa, cuando de pronto el agua aumentó el nivel de la corriente y se tornó violenta y me arrebató a mi hija de las manos; desesperado, yo traté de correr calle abajo, pero veía que a mi hija se la llevaba la corriente. Yo gritaba y lloraba por la angustia de no poder alcanzarla. Repentinamente apareció una mujer con un vestido blanco en medio del agua, ella tomaba entre sus brazos a mi hija y, sonriéndome, me la entregaba. Veía que el agua corría en medio de sus piernas pero no la movía. Le di las gracias y seguí mi camino a casa. Volteé para ver a mi hija y ella me sonreía; su rostro se grabó en mi mente y en mi corazón. Recuerdo que nos fuimos caminando y entramos a una casa de ladrillos de color rojo y árboles.

Esa mañana me desperté con pesadez y tristeza. Me disponía a ir al hospital a ver a mi esposa. Después de la operación ella estaba inconsolable por la pérdida de nuestro bebé, no tuve el valor de comentarle el sueño que había tenido esa noche. Al día siguiente mi esposa fue dada de alta del hospital; fue necesario que pasaran varios días para que se recuperara. Así transcurrieron los meses, no hablábamos del tema, la herida provocada no nos permitía poder aceptarlo; no obstante, en mi corazón guardaba la experiencia de la promesa de la mujer vestida de blanco la cual algún día nos regresaría a nuestra hija.

Ahora sé que esa mujer maravillosa es la Madre de nuestro Señor Jesucristo y que tiempo después nos regresaría a nuestra hija, la misma que se había perdido en la operación. Todavía recuerdo las palabras de mi maestro Higer: "No pierdas la fe. Ella te será devuelta y la Gloria de Dios se mostrará en ustedes". Tiempo después nacía nuestra primera hija, Vanessa Osornio. Recuerdo en aquel sueño sus facciones y su sonrisa, en ella veo los mismos rasgos del primer bebé.

El tiempo seguía transcurriendo, Higer ya no se hacía presente constantemente. Cierta vez me comentó que había una preocupación muy grande por parte de la comunidad de científicos pleyadianos acerca del futuro de la Tierra, primero por el terremoto tan grande que tuvo lugar en la Ciudad de México. Era el año 1985 y ocurrió el jueves 19 de septiembre; de acuerdo a los datos proporcionados por las agencias periodísticas, tuvo una magnitud de 8.1 grados en la escala de Richter y su duración fue de dos minutos, con lo cual superó en intensidad al terremoto del año 1957 —el 28 de julio— en la misma ciudad. Dejó miles de muertos y personas en la miseria, viviendo en las calles, a la intemperie. Los datos oficiales proporcionados por las agencias que investigaron acerca del fallecimiento de las personas superaron la cifra dada por el gobierno, que de este modo ocultaba a la prensa y al público la verdadera estadística de mortandad, pues el número real de muertes era superior a los 40,000 fallecidos.

Yo solo recuerdo, antes de venir a los Estados Unidos, que en la Ciudad de México se vivía un ambiente de violencia y odio, la gente era muy agresiva, no había respeto al prójimo. Después del terremoto, cuando yo regresé a ver a mis hermanos y a mis papás para ver cómo se encontraban, todas las personas se veían distintas, la violencia había disminuido y todos trataban de ayudarse unos a otros. Cómo Dios cambia a las personas: ayer era violencia y, tiempo después, la calma. Pero aun la gente más pobre era la más afectada, seguían durmiendo en las calles, pasando frío e incomodidades. Recuerdo que mis familiares me decían que en las calles el medio ambiente tenía un olor fétido de cadáveres, que era un escenario feo y triste; las calles, llenas de escombro y destrucción, tardaron meses para volver a la calma, pero más demoró la reconstrucción de la ciudad. Parece increíble: todos vemos los terremotos como fenómenos de la naturaleza y no nos preguntamos quién es su Creador.

No solo mi mente captaba que quien está detrás de la naturaleza es Dios, también mi espíritu sentía la ira divina porque ciertamente Él es justo y misericordioso, pero cuidado cuando le causamos ira. Dios trataba de cambiar mi vida poniéndome a Higer como mi maestro espiritual, pero yo, como todo ser humano, aún seguía cometiendo mis errores, seguía emborrachándome, cosa que Higer no aprobaba. Después de que nacieron mis dos hijas, María Eugenia y Yolanda, cambié un poco, me calmaba por un tiempo, pero después volvía a lo mismo a pesar de que en sueños y visiones veía la Gloria de Dios.

Pasaba el tiempo y seguían sucediendo acontecimientos en mi vida, los cuales me dejaron una huella muy profunda. Un domingo fui con mi esposa y mis hijas a desayunar, me acerqué al restaurante y estacioné el auto. Un señor caminaba con su hijo de aproximadamente diez años; al salir de mi vehículo y avanzar un poco el jovencito se acercó a mí y me abrazó, sentí un inmenso deseo de llorar porque esa criatura me había transmitido el Espíritu de Dios. El padre del jovencito me pidió disculpas y le dije que no, que por favor me permitiera abrazarlo. El niño padecía el síndrome de Down, Dios me estaba mostrando en ese momento que en esas personas especiales se manifestaba su Espíritu. No podía encontrar palabras para explicar todas esas maravillosas situaciones en que mi Dios abría mi espiritualidad, no debemos rechazar, sino mostrar nuestro amor. Gradualmente aceptaba lo que mi Dios quería mostrarme y que era el deber de dar amor al prójimo porque ellos llevan la pureza del alma.

Yo pensaba que por eso Higer se iba alejando paulatinamente de mí, porque me mostraba situaciones y no entendía. Bueno, eso era lo que yo pensaba, pero no fue sino hasta cierto tiempo después que mi maestro volvía a hacer acto de presencia en mi vida. Cuando se presentó, me habló en un tono muy fuerte y me dijo:

—Estás entrando en la parte de culminación de nuestro compromiso, ya no eres parte de un experimento científico, ahora formas parte de un propósito del Reino de Dios. Gradualmente te estamos mostrando su amor y misericordia. Yo he cumplido mi propósito como tu maestro, pero ahora vas a entrar a ser parte de un propósito santo, por eso te pido que te alejes de todo lo que a Dios le disgusta.

—Estoy tratando de cambiar, pero mis problemas me distraen de todo lo bueno que tú me muestras —le dije—, y parece que no puedo salir de ese agujero en el cual estoy sumergido.

—Estás entrando en una etapa en la cual se te van a mostrar cosas más fuertes, así que tienes que estar preparado mental y espiritualmente —aclaró Higer—. Regresaremos a mostrarte lo que Dios quiere que veas y experimentes para que des testimonio de lo que existe. Los humanos deben saber que lo que tú vas a ver es real y deben enterarse de que su raza está siendo arrastrada por las fuerzas espirituales malignas.

Pasó un tiempo; cuando Higer se hizo presente, me dijo que no tuviera miedo de lo que fuera a ver y escuchar, pues los ángeles del Señor me acompañarían y me protegerían. Yo le respondí que no temía, que continuáramos adelante con el designio. Esa noche se presentaron en mi visión cosas aterradoras: Me encontraba en una caverna oscura y fría, y yo estaba encadenado con grilletes en las manos, o sea que me encontraba colgado sin poder moverme; sentía la presencia de los ángeles que me custodiaban y que iluminaron la cueva donde yo me encontraba. De pronto aparecieron diablos y figuras asquerosas y horribles blasfemando e insultando el nombre del Señor y trataron de hacerme daño, pero cuando los ángeles de Dios iluminaron con sus espadas la gruta, se detuvieron diciendo: "¡Por qué han venido a torturarnos antes de tiempo?".

Yo estaba aterrado viendo a esos demonios y horribles seres. Sentía que me iba a morir, tenía gran angustia y desesperación. La presencia de los ángeles de Dios con sus espadas que resplandecían como fuego impedía que se me acercaran esos seres horribles. Cuando uno de los ángeles trozó las cadenas que me tenían sujeto y el otro ángel del Señor movió su espada amenazante contra esos asquerosos seres que corrieron al fondo de la caverna, ahí esas criaturas del Señor me tomaron de los hombros y me sacaron de ese horrible lugar.

Cuando me desperté a la mañana siguiente, tenía una pesadez de cerebro y todo me daba vueltas. Tardé tiempo en recuperarme.

Fuimos a misa ese domingo y estuve meditando lo que había pasado, sentí cómo Dios me había dado fortaleza espiritual y cómo ese fuego quemaba mi interior; entonces comprendía más profundamente qué era lo que Dios, mi Señor, quería que yo hiciera, por eso me atreví a dar testimonio en las iglesias, pero, como siempre pasa, algunos creían y otros no.

Ahora comprendía el propósito y la apuración de mi maestro para que yo fuera instruido y recibiera al Espíritu de Dios en mi vida, porque de ese modo yo podría dar un mensaje a la humanidad.

Recuerdo cuando Higer me dijo que ellos no tenían un gobierno desde hacía miles de años. Cuando ellos decidieron tener a Dios como guía y maestro, Dios les dio el poder de la sabiduría —como a Salomón—, y viendo que eran agradables ante sus ojos, les permitió a los pleyadianos alcanzar un rango de conocimiento para poder llevar a otras comunidades el amor divino. La Tierra, siendo el estrado de Dios, fue grande y resplandeciente en la época del rey David y del rey Salomón, pero después de pasar por otros reyes, el poder del pueblo de Israel cayó en pecado y provocó la ira de Dios. Por eso Dios se alejó de ellos. Yo me atreví a preguntarle a Higer si había seres parecidos a nosotros en otras estrellas, a lo que me respondió que por supuesto y que a su debido tiempo sería mostrado a todo ser humano que no solo aquí en el planeta Tierra hay vida. Por eso Dios, con su infinita sabiduría, ha dado vida a otros seres de apariencia diferente a la nuestra y, siendo los pleyadianos parte de una cultura que ha venido a ser fiel a Dios, los ha designado como los discípulos de esa grandiosa comunidad que muestra la gloria de Dios y ridiculiza a los científicos y seres humanos que creen que son los únicos seres vivientes en el universo. Las personas que no creen, ya tendrán su tiempo de respuesta.

Todo se estaba aclarando en mi mente; en mi entendimiento los pleyadianos son discípulos de nuestro Señor Jesucristo y Dios Padre, quien me estaba mostrando su reino conforme a su designio y no conforme al criterio humano.

Recuerdo muy claramente una noche que tuve un sueño profético. Mi maestro no se hizo presente, pero yo sentía la presencia de un ángel de Dios, que me llevaba al océano y me decía que pusiera atención a lo que veía porque eso sería un huracán de gran magnitud que azotaría la Tierra. "No lo considerarán de mayor importancia —advirtió—, pero observa lo que va a pasar". Entonces vi la mano de Dios que bajaba al océano y cómo un dedo de Dios se sumergía en las aguas y de pronto empezaba a formar un remolino que gradualmente se convertía en huracán. El ángel del Señor me dijo que eso era todo lo que tenía que mostrarme, que fuera y me preparara para darles la noticia.

Cuando desperté estaba muy inquieto y de mal humor, me hacía una y mil preguntas acerca de quién podría escucharme o creer en mi sueño profético. A la hora de comer llamé a *El show de Cristina* y me dijeron que tenía que hablar con un productor, pero lo único que pasó fue que me pusieron en un *voicemail*, el cual jamás me regresó la llamada. Yo entendía que se encontraban demasiado ocupados y al próximo día les mandé un *e-mail* que jamás me contestaron. Traté de avisar a los medios de comunicación pero nadie le dio importancia al huracán.

Cuando me encontré a Kyile, me dijo:

—¿Tienes algo nuevo que decirme?

—Sí, Kyile —le contesté muy triste—. Se acerca un huracán de gran magnitud, pero la gente no cree. Fui a los medios de comunicación, pero no me prestaron atención.

Kyile solo me escuchaba.

Tiempo después el huracán ya tenía un nombre —Kathrina— y se desplazaba peligrosamente sobre las costas de Florida, pero dio un giro y se fue a pegar a las costas de Nueva Orleans. La gente estaba bebiendo y disfrutando como si tal fenómeno no fuera a ser de gran intensidad, sin embargo, qué sorpresa se llevaron cuando dejó muerte y destrucción a su paso, pero todo pasa por voluntad de Dios. Según dijeron, ahí, en ese lugar, la gente se entregaba a la prostitución y todas esas cosas que desagradan a Dios, a ese lugar le llamaron la Pequeña Sodoma y Gomorra. Pasó tiempo para que la ciudad volviera a la calma. Muchas personas realmente creían que había sido la ira de Dios, pero otras, como siempre, decían que había sido cosa de la naturaleza.

Actualmente estoy viendo los cambios que se producen en nuestro planeta, claramente se nota que hay un tiempo en que se cumplirán las profecías, a decir verdad desde los tiempos de Salomón y el rey David nosotros hemos visto que en la Biblia los profetas de Dios fueron ignorados y llevados a la muerte por gente que nunca mostró temor de Dios y que, por el contrario, siempre se mostró altiva y retadora ante su Creador. Me pregunto qué fue de esa gente. Ciertamente la Biblia habla de tales personas que en los últimos tiempos serán soberbias y retarán a Dios, lo insultarán y blasfemarán. Actualmente se está viendo que Satanás está atrayendo más discípulos a su congregación, arrastrando a jóvenes a la perdición sin saber que el castigo a la desobediencia a Dios es eterno. Pobres de esas personas que no saben el castigo terrible que les espera.

Se sabe que en Nueva York están comprando las iglesias abandonadas para realizar actos satánicos matando a niños inocentes y ofreciéndolos en sacrificio a Lucifer. Ciertamente que el poder del maligno es grande, vean en las iglesias católicas cómo se están manifestando las fuerzas diabólicas, por ejemplo en los sacerdotes que están violando a jóvenes y niñas. Cómo es posible que el Vaticano no intente hacer algo para poder frenar a esos depredadores sexuales que la sociedad llama pederastas. Es ridículo y estúpido que estos desgraciados abusadores tengan su nombre sin que el Vaticano ni las autoridades puedan hacer nada para frenarlos. Por eso Dios tiene una ira muy grande contra ellos.

Era el año 2006 cuando recibí la visita de Higer. Me dijo que los pleyadianos se encontraban en otras misiones en el fondo de los océanos, porque había una preocupación muy grande: Debido a la pérdida del ozono, el calentamiento global estaba provocando que los océanos pudieran tener fracturas, lo que cubría la placa del magma volcánico y ocasionaba grietas que permitían escapar los gases del magma. Si esto sucedía, el planeta Tierra podría enfrentar una de las catástrofes más grandes desde la época de la glaciación durante la cual se habían extinguido los dinosaurios. Por eso los medios de información habían dado la llamada de alerta en caso de ver avistamientos de ovnis o "USOS", siglas en el idioma inglés que se desprenden de "Objetos Submarinos no Identificados" en los océanos. Efectivamente ellos estaban tratando de evitar que la Tierra tuviera escapes de gases volcánicos que son mortales para el planeta ya que podrían tener contacto con la atmósfera y provocar una reacción en cadena superior a varias detonaciones nucleares.

Los USOS son naves pleyadianas que tienen la tecnología para poder controlar las fallas en las placas tectónicas en el fondo de los océanos. Esto es lo que me informó mi maestro: Que me iba a llevar a un lugar donde la Tierra sería devastada por un inmenso terremoto; la ira de Dios era grande. Me dejaron en la bahía de San Francisco, precisamente sobre una parada del tren podía ver la banca y la parte donde cubría la banca para protegerse del sol, y podía contemplar el famoso puente Golden Gate, podía escuchar claramente las campanas del tren. Vi en la estación un reloj circular que marcaba aproximadamente las doce y media del día, estaba soleado. De pronto la Tierra empezó a temblar, yo veía que el tren se sumergía en las aguas del mar, los edificios colapsaban y también todo lo que me rodeaba. Las personas gritaban llorando de desesperación, hundiéndonos en las profundidades de las aguas, que eran limpias y cristalinas.

Sentía que me faltaba la respiración y me ahogaba, hacía un intento de salir pero poco a poco era arrastrado hacia las profundidades. Sentí que perdía el conocimiento, pero cuando volví en mí grité tan fuerte que desperté a mi esposa, quien me preguntó si estaba bien. Miré a mi alrededor y vi que estaba en mi cama, al reaccionar le pedí disculpas. Esa fue una de las impresiones más reales que había sentido, no me cabía la menor duda de que San Francisco sería la siguiente ciudad tocada por la ira divina, cuándo no lo sabía, pues eso competía solo a Dios.

Pasaron varias noches sin saber de Higer. Tiempo después se hizo presente y me preguntó si había puesto atención a la visión de San Francisco, porque esa ciudad estaba destinada a ser castigada. Sus habitantes habían desafiado al Creador haciendo que el lugar se convirtiera en la capital de las lesbianas y gays. Dios formó al hombre y a la mujer para que tuvieran entendimiento, mas no hombre con hombre y mujer con mujer. Me dijo que aunque diera el mensaje no me creerían, que era cuestión de tiempo para que Dios decidiera cómo castigarlos. Actualmente esa es mi preocupación más grande ya que si San Francisco llega a ser afectada por el terremoto más devastador de la historia, no sería solamente esa ciudad sino también Los Ángeles y parte de México, ya que la falla de San Andrés va más allá del territorio estadounidense.

Por este motivo me decidí a escribir este libro. Yo no estoy hablando en nombre de ninguna religión ni estoy juzgando la forma en que las personas están llevando sus vidas. Sí, es cierto que Dios se está manifestando en mi existencia y no quiere decir que yo ando de puntitas con un arpa en el cielo, por supuesto que no, yo también tengo mi cola que me arrastra y en ningún momento estoy diciendo que yo soy un profeta del Señor. ¿Por qué fui elegido para dar estos mensajes? Yo solamente puedo contestar que tanto tú como yo o como aquellas otras personas somos tocadas con un propósito divino, pero no piensen que soy un alma de Dios, tengo mis errores y fallas como cualquier ser humano y la verdad es que si yo no me decidía a escribir esto, era por ser burla de tanta gente.

Ahora todo es un propósito de Dios y si Él quiere que sea un mensajero suyo, así será, me crean o no. A su tiempo ustedes serán testigos cuando vengan acontecimientos más grandes. Como dijo mi Señor Jesucristo: "El que tenga oídos que oiga y el que quiera ver que vea". Yo no represento a ninguna congregación de ninguna religión o secta, todo es de acuerdo a mi libre albedrío. El que quiera creer en el mensaje que crea. Todo lo hago por amor, para servir a nuestro Divino Maestro Jesucristo. Sigo siendo un ser humano que arrastra su porquería, pero con una diferencia: Dios me tocó y la verdad es que poco a poco Él está cambiando mi vida.

Trato de esforzarme para ser mejor, pero no dejo de estar viviendo aquí en la Tierra; arrastro mis problemas, la envidia de otros, el egoísmo y la indiferencia de los demás, eso es parte del planeta Tierra. Lo que yo conocí a través de los seres extraterrestres es luz y amor, mientras que aquí en la Tierra los gobiernos están muy ocupados en destruir al ser humano y encadenarlo a la ignorancia, hacen un *cover up* para sus propósitos personales aludiendo a que los seres extraterrestres no existen, que no hay vida en otros planetas. Si eso es así, ¿por qué entonces están gastando demasiados millones de dólares en buscar vida inteligente en otros planetas que podrían existir y albergar a los seres humanos en un futuro?

La respuesta de mi maestro no se hizo esperar y me dijo así: "Da un mensaje a los habitantes de la Tierra. Si nosotros, los pleyadianos, junto con otras civilizaciones de seres extraterrestres, como así nos llaman, no nos hacemos presentes en la Tierra, es por diferentes motivos. En primer lugar, por ejemplo, cuando llegan otras civilizaciones de seres extraterrestres ven un mundo donde hay guerras, perdición, envidia, egoísmo y robos; naciones que pelean por dominar a los débiles, presidentes corruptos y asesinos que levantan muros para dividir los países privando a seres necesitados del derecho de ganarse el pan honestamente; Gobiernos que utilizan la tecnología para poder tener supremacía nuclear y llevar a la humanidad a un colapso y que en lugar de gastar millones para dar salud a tantos niños que sufren de cáncer y otras enfermedades, se encargan de destruir naciones manteniendo una actitud de odio y desprecio por los demás. Como emisario que viene de un planeta donde hemos superado todo lo negativo que actualmente se está viviendo en la Tierra, yo, Higer, digo como dicen ustedes: *You have to deal with your own shit* ('Ustedes tienen que manejar sus problemas'). Eso es como yo lo entendí (mas no son palabras de ellos). Mientras no volteen los ojos a Dios, mientras no crean que tienen un Dios universal de paz y de amor, serán destruidos por su misma soberbia. Los pleyadianos y cualquier ser de otra galaxia no podemos intervenir dentro de su evolución, todo está planeado de acuerdo con los propósitos de Dios".

El mensaje que mi maestro me dio fue claro y definitivo. Es verdad que actualmente estamos dentro de una sociedad decadente donde se está perdiendo el valor moral y el respeto a los demás. La gente muestra demasiada soberbia y piensa que lo material es primero; en vez de dar el amor de Dios a sus hijos, están enseñándoles a ser egoístas y envidiosos, se olvidan de ser comprensivos y humildes.

Para mi entendimiento personal, los seres venidos de otros planetas nos ven como si nosotros estuviéramos en un zoológico divididos en jaulas como animales feroces y no como seres humanos racionales, donde hay odio, racismo y discriminación. Desafortunadamente nosotros, los hombres, en la actualidad nos estamos encontrando en cambios que están afectando seriamente a nuestro planeta Tierra, yo me pregunto si realmente nuestros gobiernos se encuentran capacitados para enfrentar fenómenos de la naturaleza en un futuro no lejano.

Personalmente lo dudo, especialmente después de ver lo que sucedió con el huracán Katrina; todavía las personas están reclamando sus propiedades que fueron dañadas, y qué podemos decir de otros estados que están siendo devastados aquí en la Unión Americana por causas similares.

No podemos tapar el sol con un dedo e ignorar que los cambios obedecen a profecías ya escritas en la Biblia, que se resumen en los tiempos últimos. Repito: Yo no hablo por ninguna religión, simplemente trato de concientizar al ser humano acerca de lo que viene y precisamente se me dio la oportunidad de mandar un mensaje para preparar a todo ser viviente que está con su fe expectante, que no ha perdido la confianza en Dios, que ha sufrido pobreza, maltrato, persecución, humillación y violaciones, y que ha sido privado del derecho, como ser humano, de compartir lo que otros le han quitado.

Recientemente, a principios del año 2007, tuve la última revelación divina que me inquietó profundamente y me llevó a escribir este libro. Repito que yo no sé por qué me eligieron a mí si personalmente les puedo decir que cometí demasiados errores en mi vida. Sé que Dios gradualmente me está cambiando, pero como ser humano no dejo de caer en tentación o pecado; trato de llevar una vida recta ante los ojos del Creador, pero no falta un pelo en la sopa. Sin embargo, es ese fuego divino el que me consume y me dice: "Hazlo, no tengas miedo al ridículo ni a la burla. Habla de parte mía y diles lo que yo pienso".

Así fue como me habló mi Señor Jesucristo: Mi esposa se encontraba en el hospital y era el mes de enero. Estaba todo preparado en la mañana para llevarla al quirófano, tenía que ser sometida a una cirugía muy grande, le habían diagnosticado cáncer en un ovario. Nos encontrábamos en la planta baja del sanatorio para prepararla mientras daban la autorización para trasladarla a cirugía. Ella se encontraba llorando y muy nerviosa. Recuerdo sus palabras antes de que se la llevaran, me dijo: "Cuida a nuestras hijas, quiérelas, y que no se peleen. Tenles paciencia". Hablaba como si no fuera a despertar y salir bien de la operación. Yo me aguanté las ganas de llorar y le dije que todo iba a estar bien, que tuviera fe en Dios Nuestro Señor. Ella me pidió por favor que rezara una oración, y así los dos nos pusimos a orar.

Pasado un tiempo llegaron las enfermeras para llevarse a mi esposa al quirófano, la acompañé hasta donde me permitieron, le besé la mano y le dije que confiara en Dios, que se pusiera en sus manos, que Él estaba a su lado. Pasaron varias horas y nos encontrábamos mi cuñada y yo en el *lobby* cuando llegó el doctor y nos dijo que la señora Yolanda se encontraba bien, que ellos habían diagnosticado un tumor canceroso pero que al hacer la operación habían podido ver que solo era un absceso. "Esto es un milagro", me dije. Le di las gracias al doctor y también a Jesús Bendito, que es grande y misericordioso, pues mi esposa había salido de todo peligro; por eso le prometí que yo daría testimonio de su grandeza y su gran amor para todos los que creyeran en Él.

Terminada la hora de visita, mi cuñada se retiró a su casa y se fue más tranquila. Yo me dispuse a regresar a la mía, pero antes llamé para saber cómo se encontraban mis hijas y todo estaba bien. Me hacían preguntas acerca de cuándo su madre iría a salir del hospital. Yo no les había comentado lo de la cirugía que había tenido esa mañana para no preocuparlas. Al otro día les conté que su madre había sido intervenida y ellas lo tomaron normal, sin sorpresa. Las llevé al sanatorio de visita para que saludaran a su madre. Esa noche de regreso a casa nos encontrábamos más tranquilos, todo se estaba normalizando. Cuando ya estuve en cama descansando, le di gracias a Dios Padre por su infinita bondad y misericordia sin saber que esa noche tendría un regalo precioso.

Estaba profundamente dormido cuando tuve una visita maravillosa: Un ángel de nuestro Señor Jesucristo se hizo presente. Recuerdo que en mi visión era de día y que el ángel del Señor me llevó a un jardín grandioso en el que había escalones. Él me dijo que los subiera y que cuando llegara estaría ante la presencia de Dios Nuestro

Señor. Recuerdo que subí demasiados escalones, me pareció una subida eterna, ya que cuando terminé de ascender era de noche, porque veía luces a los lados. Fue entonces que observé un *hall* demasiado grande que tenía piso de mármol blanco y resplandeciente, sentía la presencia de ángeles que custodiaban el lugar, podría decir que era el trono de Dios.

Escuché una voz joven demasiado alegre que me decía: "Descálzate porque el lugar que estás pisando es sagrado". En un acto de reverencia, obedecí y sentí como un aroma de incienso y perfume que estaba en el ambiente. Escuché nuevamente la voz que me decía que me acercara, que no tuviera miedo. Sentía una paz inmensa, no sé por qué percibía que había una fuerza que no me permitía voltear los ojos para poder verle el rostro. Intuí que se trataba de Nuestro Señor Jesucristo y, dándole las gracias por la recuperación de mi esposa, por el milagro hecho, le dije:

—Señor, aquí estoy, pero ¿por qué yo, siendo como soy, tengo la gracia de que me llames ante tu presencia, si no soy digno de ti?

—Son ustedes a quienes yo he llamado para que me sirvan —respondió con una sonrisa sutil—. Te he estado llamando; a veces me respondes y a veces me fallas, pero soy yo quien ahora pone en tu corazón y en tu alma la fuerza del Espíritu Santo para que con fuerza y valentía des un mensaje a toda la humanidad.

Caí en un estado de laxitud y mi espíritu comenzó a tener visiones reveladoras. El mensaje tenía dos llamados muy fuertes; el primero requería que le hablase a todos los que han sufrido pobreza y han pasado hambre. Me dijo que fuera y le dijera a su pueblo que Él, el Señor, afirma: "A todo el que haya sufrido por mi causa le recompensaré. No habrá más llanto ni luto, restableceré su salud, los ciegos verán, los cojos caminarán y yo enjuagaré todas las lágrimas derramadas por mi causa. Mi Padre, en su Reino Celestial, tiene preparada una morada para cada uno de ustedes. Quien crea en mí vivirá por siempre y yo seré su Dios, ¡así lo afirmo! Por eso ahora que ya está cerca mi llegada, os digo: Muestren a sus hijos el amor de Dios, enséñenles todo lo bueno, que se amen y se respeten y que respeten a sus padres, y que los padres respeten a sus hijos. Ya llego y esta vez no habrá otra oportunidad, porque las puertas del Reino de Dios no se volverán a abrir, ¡y será separado todo lo malo de lo bueno, y lo malo se echará al fuego eterno!".

El segundo llamado era para el pueblo de Dios: Israel. El Señor me dijo que fuera y le dijera a su *grey*: "¡Yo no escucharé sus quejas aunque se den de topes como borregos en el Muro de los Lamentos, raza de víboras! A todas las iglesias les digo que tengan cuidado de hacer caer en pecado a cada uno de mis hijos, porque más les vale no haber nacido. ¡A cada uno de esos llamados 'pederastas' ya les tengo su castigo! ¡A todas esas congregaciones que están explotando la fe en mi nombre lucrando y diciendo 'gracias a Dios, yo tengo todo esto' ya les tengo lo suyo!".

Cuando salí de mi trance espiritual y pude regresar de mi visión, sentí miedo y temor. Escuché la voz de nuestro Señor Jesucristo que, muy disgustado, reclamaba en un tono muy fuerte. Sentía una presión importante en mi pecho y pensaba: Qué intenso es el mensaje de nuestro Señor Jesucristo, no cabe duda de que Dios no hace distinción, a cada uno de nosotros le da lo que merece.

Esa mañana regresé al hospital para cuidar a mi esposa, pero no le comenté nada de la visión ni de los llamados al pueblo de Dios y a todos en general. Terminada la hora de visita, volví a casa y me dispuse a descansar. Higer se presentó y me dijo que yo podía llevar el mensaje a los medios de comunicación, le contesté que no quería ser burla del público y que lo mejor que podía hacer era escribirlo, porque de ese modo la gente que me leyera creería y la que no, pues que no crea. Le pedí a mi maestro que me ayudara con su inteligencia para que este mensaje llegase a todos y fuera en nombre de Dios, y para que nadie pensase que es una historia de una mente calenturienta.

Higer me dijo: "Ahora que ya sabes cuál es el mensaje de nuestro Señor Jesucristo, es tiempo de que también les digas a todos los seres humanos por qué estamos al cuidado de la Tierra. Aunque no estemos en una forma visible, nosotros, los pleyadianos, estamos al cuidado de este planeta por mandato de nuestro Señor Jesucristo, porque la Tierra es el estrado de Dios Padre Celestial y las Pléyades constituyen su trono, por eso, cuando se cumplan las profecías del tiempo acerca de la segunda llegada de nuestro Señor Jesucristo, nuestro acto de presencia aquí será cada vez mayor. El nuevo mensaje pleyadeano fue recibido el 4 de enero del 2022, dado por los espíritus superiores para el conocimiento de la raza humana como preparación hacia una nueva era, en la cual ya no estará oculta la aceptación de la doctrina espiritista que habla de su relación con la humanidad, sobre leyes morales, la vida futura y el porvenir de la humanidad.

La enseñanza de los espíritus superiores trata los aspectos científicos, filosóficos y religiosos acerca de Dios, la inmortalidad del alma y la naturaleza de los espíritus en relación con los seres humanos y las leyes morales, lo repito, que fueron dadas a través de médiums, como el profesor Allan Kardec, que sufrió persecución y la quema de sus libros por parte de la iglesia, actualmente esta filosofía está siendo conocida por todos para que tengamos un conocimiento superior acerca de las leyes del universo, lo cual el profesor Allan Kardec (El libro de los espíritus) junto con Xavier chico, que era médium y escritor espiritista, hablaba sobre los extraterrestres, los cuales él mencionó en su libro, de que miles de naves se manifestarían gradualmente a partir del año 2022 en nuestro planeta.

Mi maestro Higer me comunicó telepáticamente sobre este nuevo mensaje, que de acuerdo a las hermandades extraterrestres, los seres que habitan en nuestra galaxia, la Vía láctea y en nuestro sistema solar, así mismo los extraterrestres que habitan en Venus y Ganimedes, así como los extraterrestres del cúmulo estelar de las Pléyades, Sirio, Orión y otras estrellas, así como de la galaxia de Andrómeda y de otras dimensiones superiores, vendrán para ayudarnos a dar un brinco cuántico y llegar a tener con ellos un entendimiento superior, que nos permita salir de la oscuridad y acercarnos hacia la luz crística. Nuestros hermanos pleyadeanos llaman a la tierra el planeta "kínder", se cierra el conducto de este mensaje.

Debes anunciarles que cuando nuestro Señor Jesucristo llegue, no va a ser como antes, que venía sentado en un burrito, sino que vendrá como un ladrón en la noche y uno será tomado, y el otro será dejado. Por eso es que has de instruir a todo ser humano acerca de la importancia de que dentro de cada familia se reconcilien y lleven con armonía su vida, que esperen con gusto y amor la segunda llegada de nuestro Mesías. Su mensaje es claro y definitivo, no habrá otra oportunidad, Él se va a encargar de tomar las riendas de su pueblo mientras Dios Padre, con sus ángeles, se ocupará de castigar a todos los que se revelaron en su contra y en contra de su Hijo".

Higer me explicó que cuando llegara el tiempo en que se cumplieran las profecías bíblicas y las de los mayas, los planetas de nuestro sistema solar se alinearían junto con la estrella Alción del cúmulo estelar de las Pléyades. En el año 2012 Alción sería el trono de Dios y la luz de nuestro Señor Jesucristo se haría presente. Ese iba a ser el momento en que los pleyadianos se encargaran de llevar a todos los seres elegidos por nuestro Señor Jesucristo, aquellos que fueron fieles y agradables a Dios. Por otro lado, Dios Padre se encargaría de castigar aquí, en la Tierra, a todo aquel que se hubiera rebelado en contra de su Hijo y el Reino de Dios hasta que restableciera en la Tierra su estrado, ya que hará la nueva Jerusalén.

Después del mensaje de mi maestro Higer, me sentí más entusiasmado para transmitirlo a través de un libro. Todo es por agradar a nuestro Señor Jesucristo. Esto es todo lo que me ha sido revelado, lo demás es cuestión de esperar con fe y amor. Falta muy poco tiempo, aprovechémoslo en hacer el bien, amar a Dios por sobre todas las cosas, amar a nuestras esposas e hijos, tratar de sobrellevarnos con todos los que nos rodean, cosa que es difícil, pero al menos debemos intentarlo.

Que el amor y la paz de nuestro Señor Jesucristo nos ayuden y nos libren y guarden de todo mal. Amén...

El libro muestra un mensaje muy claro: La presencia de nuestro Señor Jesucristo se hará presente para toda la humanidad cumpliendo una promesa que hizo a sus discípulos —y que se extiende a todo aquel que en Él confía— antes de ascender a los Cielos.

La presencia de seres extraterrestres siempre ha tenido lugar en nuestras vidas. En toda la historia de la humanidad el hecho de que científicos e historiadores no le den crédito se debe a que estamos viviendo en un mundo donde nuestra inteligencia aún está limitada, porque estamos en un planeta subdesarrollado que está en vías de un encuentro con jerarquías espirituales que logrará despertar toda conciencia humana. Cuando llegue el tiempo de confrontar la finalización de la era, en el año 2012, gradualmente la Tierra estará dentro de lo que los mayas llaman Tzab o la Cola de Serpiente, lo cual comenzará con terremotos y fuegos. También habla de esto la profecía de la Biblia.

Por eso es necesario despertar y dar crédito a que los acontecimientos vendrán. Debemos estar preparados para confrontar la ira de Dios. Actualmente podemos decir que con el terremoto devastador de China se abre el libro del Apocalipsis de la Biblia: Los jinetes se preparan para dar cumplimiento a las profecías mientras esperamos la llegada del año 2012, donde nuestra estrella el Sol se alineará con todos los planetas y tendremos el alineamiento junto con la galaxia de Andrómeda; también se espera la llegada de seres de luz que estuvieron presentes en la época de nuestro Señor Jesucristo como ángeles custodios.

Esto es conforme a lo que mi maestro Higer me ha mostrado en sus enseñanzas pleyadianas a fin de que estemos preparados para recibir la luz mesiánica a partir de la cual todo ser humano tendrá una confrontación directa con nuestro Divino Maestro. Ese destello nos envolverá, todo ser humano será sanado y la faz de la Tierra gradualmente será renovada de acuerdo a su plan divino.

Los mayas y los aztecas fueron instruidos por sus correspondientes maestros, como Quetzalcóatl, que trajo a la Tierra gran sabiduría; dejaron constancia de que al finalizar las eras, el ser humano tendrá un acercamiento con seres de luz que regresarán de las estrellas para despertar en nosotros una conciencia superior y una armonía cósmica, lo que nos transformará.

Entre otros grandes investigadores y psíquicos, la señora Alice Bailey menciona en su libro *Astrología Esotérica* que "Las Pléyades son la representación de la forma natural femenina y magnética del Universo".

Así como el famoso arqueólogo que descubrió en los corredores de la gran diosa pirámide la inscripción que dice: "Su luz es diferente a otras luces, despierta la respuesta. Soy el punto más denso de todo el mundo concreto. Soy una tumba, también la matriz. Soy la roca que se hunde por sí misma en la profundidad de la materia. Soy la cima de la montaña donde nació el Sol, sobre la que se ve el Sol y recibe los primeros rayos de luz. El hombre toma una naturaleza que es la suya hoy, hijo de una madre nacido de la tumba y mostrando tras el nacimiento la luz" (¿Jesucristo?).

Dentro de la cultura incaica también se encontraron manuscritos que dicen: "Las estrellas están habitadas y los dioses han descendido de la constelación de las Pléyades".

Si todas las culturas hablan sobre la existencia de las Pléyades y de dioses o seres iluminados, ¿por qué los historiadores se empeñan en llamar a la verdadera historia "mitología"?, cuando existen las pirámides y los monumentos en los cuales está escrita la verdadera procedencia de la cuna de nuestras civilizaciones.

Señores, es tiempo de despertar y salir de nuestra ignorancia, nosotros somos parte de una protocreación universal que nos muestra nuestro origen divino, por eso me resulta estúpido y arrogante que los científicos hagan a un lado a nuestro Creador, poniéndonos a los seres humanos como "primates".

La humanidad todavía no entiende, ¿quieren que les dé otra muestra de nuestra arrogancia y soberbia? En su día inaugural, la noche del jueves 11 de abril de 1912, Titanic, el transatlántico más grande del mundo llegaba a su fin con un trágico hundimiento que causó la muerte de más de 1403 pasajeros, de los 2206 que lo habían abordado. Los constructores le habían llamado "indestructible", ya que en su arrogante placa se encontraba escrito "Ni Dios Padre puede hundirlo". Y así puedo escribir cientos de tragedias dentro de nuestro planeta.

Recientemente encontré un artículo que me respalda en cuanto a mi encuentro con seres provenientes del cúmulo estelar de las Pléyades, me quedé fascinado ya que se habla acerca de la historia del Cerro de la Estrella, que era desconocida para mí. El trabajo dice así: el Huizachtepetl o Cerro de la Estrella, dentro del dialecto náhuatl, se ubica en la delegación Iztapalapa en la Ciudad de México, en la zona oriental. En la cúspide del cerro se encuentra una pirámide donde los aztecas celebraban la ceremonia del Fuego Nuevo y allí se encuentran enterrados los restos de los antiguos dioses, a un costado de la construcción, según datos proporcionados por el Instituto Nacional de Antropología e Historia. Asimismo, ese preciso lugar sirvió de escenario para que el contador público, Sr. Enrique Mercado, tuviera un encuentro con seres extraterrestres el día 25 de agosto de 1976. Él mencionó que fue transportado en compañía de un ser extraterrestre por una fuerza invisible que lo llevó a una nave interplanetaria y que emprendió un extraordinario y fabuloso viaje que duró aproximadamente 28 horas por el espacio estelar, donde convivió con hombres y mujeres de otras partes del universo.

Este interesante artículo se encuentra en las páginas de Internet a través de OVNI TV, junto con el artículo de Yohanan Díaz Vargas. Allí dice que cada año en el famoso Cerro de la Estrella se registran muchos avistamientos de ovnis, especialmente cuando se lleva a cabo la celebración de la Pasión y Muerte de nuestro Señor Jesucristo.

Con estos datos proporcionados por reporteros serios y personas contactadas, doy por terminado este libro.

Este mensaje pleyadiano nos pide que despertemos y estemos preparados. Mi maestro de luz, Higer, me pide sea yo el portador de buenas nuevas para la humanidad y que las haga llegar a todo ser pensante del planeta Tierra. Dijo: "Nosotros, los pleyadianos, no venimos a conquistar el planeta Tierra. Venimos a traerles la luz y el amor para sacar de las tinieblas a todos los seres que deseen recibir la filosofía cósmica de nuestro Divino Mesías y Señor Jesucristo".

Que la paz y el amor reinen entre ustedes. Amén...

Se cierra el conducto pleyadiano.

Acerca del autor

Agustín Osornio

Luego de obtener su título secundario, abrió su propio negocio. Actualmente trabaja como chofer comercial en Los Ángeles, California. Luego de 20 años de casado, tiene tres hijas.

En 1976, su vida cambió cuando fue contactado por extraterrestres del cúmulo estelar de las Pléyades para que formara parte de un experimento biogenético sumamente avanzado que los científicos de la Tierra no conocen. El propósito es que sea un mensajero que dé información sobre el futuro de nuestro planeta. Los gobiernos están llevando todo a un colapso irreversible.

Hasta ahora fue ignorado por los medios de comunicación, pero Osornio no puede callar: A través de Ovni. Un mensaje de las pléyades muestra cómo su maestro extraterrestre le da información del futuro telepáticamente. Además, da conferencias sobre el fenómeno extraterrestre; luego de la última, en el estacionamiento, ellos le dijeron que observase el cielo. Allí estaban: todos los presentes pudieron ver al ovni que desapareció en cuestión de segundos.

www.ingramcontent.com/pod-product-compliance
Lightning Source LLC
LaVergne TN
LVHW041542060526
838200LV00037B/1100